Wilhelm
洪堡传
von Humboldt

Franz-Michael Konrad

[德] 佛兰茨－米夏埃尔·康拉德　著
赵　劲　张富馨　译

歌德学院(中国)翻译资助计划
同济大学出版社
TONGJI UNIVERSITY PRESS

图书在版编目（CIP）数据

洪堡传／（德）佛兰茨－米夏埃尔·康拉德(Franz-Michael Konrad) 著；赵劲，张富馨译．-- 上海：同济大学出版社，2017.5

书名原文：Wilhelm von Humboldt

ISBN 978-7-5608-6911-7

Ⅰ．①洪… Ⅱ．①佛… ②赵… ③张… Ⅲ．①洪堡特(Humboldt, Wilhelm Freiherr von 1767-1835)－传记
Ⅳ．①K835.165.5

中国版本图书馆 CIP 数据核字 (2017) 第 085595 号

The translation of this work was supported by a grant from the Goethe-Institut which is funded by the German Ministry of Foreign Affairs.
本书获歌德学院（中国）翻译资助

洪堡传
[德] 佛兰茨－米夏埃尔·康拉德　著
赵　劲　张富馨　译

出 品 人　华春荣　　　责任编辑　张　翠
装帧设计　李　丽　　　责任校对　徐春莲
出版发行　同济大学出版社 www.tongji.com.cn
地　　址　上海市四平路 1239 号　　邮编 200092　　电话 021-65985622
经　　销　全国新华书店
印　　刷　上海盛通时代印刷有限公司
开　　本　32 开
印　　张　4
字　　数　108 000
版　　次　2017 年 6 月第 1 版　2017 年 6 月第 1 次印刷
书　　号　ISBN 978-7-5608-6911-7
定　　价　28.00 元

目 录

为什么要写洪堡

19 世纪的巨擘中，很少有人像威廉 · 冯 · 洪堡（Wilhelm von Humboldt，1767 – 1835）一样，至今仍然广为人知。

洪堡是一位学者，一度身为教育政治家、外交家和普鲁士的大臣。洪堡为何享有盛名？“教育”一词为我们提供了至关重要的线索。在人类教育的问题上，洪堡推动了他所生活的那个时代，激励人们对其进行深刻的反思。因此，每当涉及教育，每当人们关注教育事业中一些悬而未决的问题时，就会想起洪堡这个名字，想起他为教育事业所作出的贡献。这种情况的出现绝非偶然，而且在相当长的时间内应该不会改变。只要我们的中小学和大学仍然是社会结构的组成部分，人们就不会停止谈论洪堡。

然而，关于洪堡的言论经常互相矛盾。人们对洪堡言论的引用五花八门，但很少有人清楚地了解洪堡到底说了什么、想做什么，更不必说知道他到底发挥了怎样的作用。绝大多数引用洪堡的人，无非只是断章取义地接触到了他的一两句格言而已。人们确实谈论对所有社会成员进行均衡培养的教育目标，或者高校中科研和教学的相互统一，但也不过只是一些凝固成口号的空话套话而已。目前对洪堡的解读具有高度的选择性或片面性。由此，对洪堡的著作缺乏了解，也就不令人感到惊讶了。作为文学家，洪堡当时并未绽放光芒。席勒曾告诉他的朋友洪堡，他并不是一个灵活多变的文体学家。事实上，洪堡在理论方面的论文，他关于艺术理论、哲学和历史、人类学和心理学，以及国家理论和语言学的文章，都是内容艰深且语言晦涩。因为这些创作并非面向大众。洪堡并不属于在他那个时代正在逐步形成的文学市场；而当时，莱辛、歌德和席勒却都曾通过他们的理论著作而扬名文学界。洪堡的著作常常是孤独的。当我们怀着崇敬的心情去关注洪堡浩瀚如海的著述时，会发现其中只有少部分在作者生前业已发表，而我们今天所知悉的大多数都是作者去世后出版的遗作。洪堡的著述记录了他那深刻思想的复杂的发展历程；这些思想之所以被记录下来，是因为它们的创作者将之视为自我解读的方式，并以此为基础继续发展自己的思想。洪堡的写作风格是独特的，常常表现为思路错综且信息冗余。洪堡多产，且海纳百川。作为各种思想的狂热集成者，他吸收所有他认为重要且有趣的东西。他集中研究过他所生活的那个时代所有重大的思想运动及其先驱人物。洪堡在 1804 年 10 月给妻子卡洛琳娜的信中写道："如果在临终前能够对自己说：我已经尽我所能去认识这个世界，并将其转化为我的人性，那么他此生就达到了目的。"（《信中的威廉和卡洛琳娜·冯·洪堡》6 卷本，第 2 卷，第 262 页）由于深知其融合性，洪堡从未声称自己的思想具有独立的体系。他做过很多事，但也意识到，他没能以理想的深度和毅力去完成这些工作。唯独他在教育政治方面的表述、活动报道和呈文，对象明确、意图清晰——以此影响他人的观点，同时用以酝酿、论证以及实施政治决策，这些文章写得简约且表达准确。所有这些使得研究洪堡成为一种艰难的冒险。

洪堡的一生可以分为以下几个时期，本书的章节也依此划分。当然，相对性和局限性在所难免。

（1）1788 – 1792 年，第一个创作阶段，在此期间洪堡隐居在他岳父在图林根州的庄园，发展早期的政治理论（详见本书第 2 章）；

（2）1793/1794 – 1808 年，洪堡先与歌德、席勒同处耶拿，之后辗转巴黎和罗马，研究（希腊的）古典艺术、创建教育理论并进行人类学研究（详见本书第 3 、4 、5 章）；

（3）1809 – 1810 年，短短一两年中，洪堡在普鲁士进行了教育改革，赢得了崇高的声望和持续的影响力（详见本书第 6 、7 章）；

（4）1810 – 1819 年，十年间，洪堡身处欧洲政治的中心；同时，作为柏林的立宪大臣，他撰写了政治尤其是宪法政治方面的备忘录和呈文（详见本书第 7 章）；

（5）1820 – 1835 年，洪堡生命的最后 15 年，他重拾始于世纪之交的语言学研究，并持之以恒（详见本书第 8 章）。

这些重大转折几乎都与地点的转换有关，正如洪堡的生活舞台辗转于地理上相距甚远的欧洲各地。

本书内容按照上述五个阶段展开。我们就每一阶段的主题挑选具有代表性的洪堡作品作相应的重点介绍。我们较少考虑书信和日记，尽管它们能够进一步丰富对洪堡的介绍。我们也不追求完整性——本书篇幅有限，难以满足这个要求。对作品的诠释也无法做到详细和深入。本书侧重紧密结合原著、选取范例、突出重心。最后还要注意，本书宗旨并非重述洪堡的生平。传记类信息只有在有助于理解其作品时才会出现。如上所述，本书有多个主题，如果一定要概括在“教育”这一关键词之下，需要说明一点：洪堡所使用的“教育”概念比我们今天通常所说的“教育”更为宽泛，且具有不确定性。洪堡认为无法给“教育”一个简明的定义。它是一个具有诠释学特征的概念，是一个关键词，是洪堡毕生所思考的关于现代社会人类生存问题的解码。

第一章　一位年轻的贵族

威廉·冯·洪堡从出生就享受特权：和其他贵族子弟一样，他有自己的家庭教师，并被引入柏林的开明教育阶层，接触启蒙哲学，而且在奥德河畔的法兰克福大学求学时接触到了公共教育事业。

洪堡 1767 年 6 月 22 日生于普鲁士的卫戍和官邸城市波茨坦（Potsdam）。他的祖父在 1738 年才获得贵族封号，因而洪堡一家不是旧式贵族家庭，财富积累的时间也并不长。洪堡的父亲亚历山大·乔治·冯·洪堡（Alexander Georg von Humboldt）为求发展曾入伍担任军官，并参加了普鲁士国王弗里德里希二世（Friedrich II，1740 – 1786 年在位）的所有征战。1766 年，亚历山大·乔治与一位名为玛利·伊丽莎白·冯·赫尔维德（Marie Elisabeth von Holwede）、原姓柯罗姆博（Colomb）的富裕寡妇结婚，她来自一个胡格诺派教徒的移民家庭。胡格诺派教徒是来自法国的宗教难民，曾被大选帝侯弗里德里希·威廉（Friedrich Wilhelm，1640 – 1688 年在位）吸纳到勃兰登堡，因为他——正如柯罗姆博家族所表现的那样——指望这些人用勤奋和创造才能为他遭受 30 年战争蹂躏的国家注入发展的活力。

正如在贵族阶层通行的那样，洪堡兄弟接受的是家庭私塾式教育——弟弟亚历山大 · 冯 · 洪堡（Alexander von Humboldt）生于1769年9月14日。至1777年，他们的家庭教师一直是后来成为著名的学校创办者、出版商、少儿读物作者的尤阿西姆 · 海因里希 · 坎珀（Joachim Heinrich Camper），接替他的是哥特洛浦 · 约翰 · 克里斯蒂安 · 昆特（Gottlob Johann Christian Kunth）。课程丰富多样，包含所有能够想象得到的知识领域，同时特别关注古代语言。

经由昆特介绍，母亲（他们的父亲死于1779年）还聘请了当时在科学领域享有声誉的学者教导他们。这些身居高位的学者在私塾中为这对年轻的贵族兄弟做好了大学的学前准备：从1785年起，克里斯蒂安 · 威廉 · 多姆（Christian Wilhelm Dohm）为兄弟俩上国民经济学课程，昂斯特 · 费迪南 · 克莱恩（Ernst Ferdinand Klein）教授自然法则，约翰 · 雅各布 · 英尔（Johann Jakob Engel）负责哲学和历史，同时也引导他的学生第一次领略希腊古典艺术作品的精神世界。

这一时期，受英尔启示，18岁的威廉写出了一篇小文章，即创作于1785年的《苏格拉底和柏拉图关于神灵、天意和永生的讨论》（*Sokrates und Platon über die Gottheit, über die Vorsehung und Unsterblichkeit*）。这篇文章是对柏拉图的《法律篇》（*Gesetzen*）和色诺芬（Xenophon）的《回忆苏格拉底》（*Denkwürdigkeiten des Sokrates*）的片段式翻译，并加入了简要的前言和评论。洪堡尝试在文中探讨那些使他困惑的问题：即便在启蒙运动时期还是有"许多人远远偏离了理智的道路和真正的智慧"（《威廉 · 冯 · 洪堡全集》，第1卷，第2页）。关于很多同时代的人，洪堡惊讶地得出了结论："他们不想理性地思考，他们只想盲从”（《威廉·冯·洪堡全集》，第1卷，第3页），而他自己认为，“谁跟随冰冷的理性，谁就有更加可靠的向导，就有固定的规则，这些在他也许正要偏离真理之时具有省示作用”（《威廉·冯·洪堡全集》，第1卷，第3页）。

在这样的前提下，这位年轻人觉得，“研究一下雅典和罗马最兴盛时期人们如何进行思考，也并非无趣”（《威廉·冯·洪堡全集》，第1卷，第4页）。他将自己所处的时代与古希腊和古罗马时期进行对比，然后断定，“这两个时期在真理和理性对抗疑虑和幻想的持续斗争中，表现出明显的相似性”（《威廉·冯·洪堡全集》，第1卷，第4页）。1787年，这篇文章甚至在《读本》上发表——该出版物以传统的启蒙方式，力求“传输高贵的基本准则，真正的品位和有用的知识”。

威廉对启蒙运动的信仰并非偶然。洪堡两兄弟通过昆特和其他家庭教师，不仅熟悉了启蒙哲学，还进入了开明教育阶层的社交圈。站在宫廷的对立面，这些思想上的精英人士反对过时的贵族文化，并开始左右公众言论和知识氛围。高级官员、教授、文学家、医生、神学家、成功商人和企业家，还有开明的贵族和资产者、基督教徒和犹太人，组织了各种英国咖啡馆或法国沙龙式的聚会、读书会和文学圈。他们传看最新的刊物，互相介绍重要的书籍，一起阅读，并讨论关于政治、艺术、哲学以及和生活相关的所有话题。引人注目的是，许多女性在这些圈子里发挥着引领作用。犹太医生的妻子亨利艾特·海尔茨（Henriette Herz）成立了柏林沙龙，18世纪80年代中叶的一段时间，洪堡兄弟定期参与该沙龙，并融入亨利艾特的交际圈，这就是后来学术文献中所谓的“柏林启蒙运动”。可能是由于他们市民阶层的根基和并不久远的贵族化历史，不同于其他的贵族子弟，洪堡家族的子孙威廉和亚历山大无视自己的出身和家庭状况，更愿意像市民阶层的先驱那样思考。1790 年至 1791 年间，洪堡参加柏林法律候补官员考试期间，再次参加了当时著名的雷切尔·莱文（Rachel Levin）沙龙。几十年后，洪堡在巴黎、罗马和维也纳居留期间，他和自己的妻子也成为当地沙龙活动的中心。

一般来讲，普鲁士的年轻贵族都要入军队历炼。洪堡家族则不然。多姆、克莱恩和英尔为洪堡兄弟做好了上大学的准备，他们在 1787 年至 1788 年的冬季学期于奥德河畔的法兰克福注册入学。仅仅半年之后，在 1788 年的夏季学期，威廉孤身一人转学到创办不久但在当时的德意志起到引领作用的哥廷根大学——没带弟弟亚历山大（1789 年亚历山大追随兄长到了那里），陪伴两兄弟一起到法兰克福的家庭教师昆特也没去。威廉·冯·洪堡在法兰克福时学习法律和经济，虽然符合身份，但他对此兴趣不浓；而在哥廷根所学的，用他自己的话说，却给他带来了“享受”。不过，作为普鲁士国家的公民，洪堡其实不应该进入选帝侯领地汉诺威的大学，因为普鲁士的孩子被禁止在非普鲁士的大学就学。而正是洪堡，1810 年在他教育改革运动的框架内，以《关于取消就读外国大学的禁令》（*Über Aufhebung des Verbots fremde Universitäten zu besuchen*；《威廉·冯·洪堡》，第 239 页）一文，成功地促使普鲁士国王取消了这道谕令。

哥廷根对这个年轻人的吸引力如此之大，以致上述禁令也不足以令其却步。的确，在哥廷根有机会遇到当时的学界名士。洪堡上乔治·克里斯多夫·利希顿博格（Georg Christoph Lichtenberg）的物理学大课，听奥古斯特·路德维希·施罗策（August Ludwig Schlözer）的历史课，跟随克里斯蒂安·戈特洛普·海涅（Christian Gottlieb Heyne）学习古代语言。

特别是和海涅的相遇，对洪堡产生了持久的影响。与枯燥的语文学不同，海涅从事古典文化研究，将古希腊和古罗马刻画成一个拥有英雄人物和完美艺术的大世界。因为只有这样，古典时期才能成为人们孜孜以求的乌托邦并施展它非同寻常的魅力。正如吸引狂飙突进时期和柏林启蒙运动圈子的年轻学者那样，古典时期也对洪堡产生了非凡的吸引力。另一方面，洪堡通过海涅认识了海涅的学生、在哈勒担任教授（1783 年起）的弗里德里希·奥古斯特·沃尔夫（Friedrich August Wolf）。伍尔夫同洪堡谈论有关古希腊和古罗马的问题，并在多年之后，在洪堡进行普鲁士教育改革时发挥了重要作用。在哥廷根期间，洪堡还开始阅读康德的著述。

参考文献
佛雷泽，鲁道夫（1986）：威廉·冯·洪堡：生活和作用，以书信、日记和那个时代的文献为据。达姆斯塔特：科学书社，第 1-69 页。

第二章　在国家层面的尝试

关于国家问题的思考，记录于洪堡年轻时期的第一批著述。他以法国革命为契机，提醒人们维护个人的自由权利，而这些权利，正受到专制主义国家和人民革命专政的威胁。因此，在18世纪90年代早期，他认为国家的权力非常有限。

从求学地哥廷根出发，1788年9月，洪堡开始了他第一次较长的旅行。这是一次教育之旅，不同于当时那些流行于年轻贵族中的旧式骑士之旅。洪堡期待能够通过这次旅行遇到有趣的人，建立一个可以进行学术探讨的社交圈。寻找睿智的学者群体不能只局限于像柏林这样几个突出的城市，而从来就需要更广阔的空间、乃至跨越国界。

当时洪堡来往的有美因茨（Mainz）的弗斯特夫妇。乔治·弗斯特（Georg Forster）是当时的一代名士，年轻时就参加了詹姆斯·库克（James Cook）的帆船环球旅行（1772－1775），时任选帝侯图书管理员。他娶了洪堡在哥廷根的一位老师的女儿特蕾泽·海涅（Therese Heyne）为妻。此后，洪堡在杜塞尔多夫（Düsseldorf）附近的佩普夫特（Pempelfort）结识了共济会成员、哲学家、作家弗里德里希·海因里希·雅科比（Friedrich Heinrich Jacobi），他们保持了多年内容涉猎广泛的书信往来。二人之中洪堡尤其需要雅科比，因为他站在康德理性主义的对立面，具有宗教的神秘色彩。康德的理性主义虽然使洪堡一生着迷，却从未完全让其信服。由于弗斯特早逝，洪堡和他的联系虽然密切但过短暂。

一年以后，洪堡毕业。1789 年 7 月，他踏上了另一段旅程。这次旅行由他当时的家庭教师坎珀作伴。他们经过亚琛（Aachen），在那里与多姆见面，探讨了国家理论，后经布鲁塞尔（Brüssel）去了巴黎（Paris）。坎珀在 1789 年至 1790 年间发表于《布伦瑞克杂志》（*Braunschweigischer Journal*）的《来自巴黎的信》（*Briefe[n] aus Paris*）中详述赞同革命的观点，而巴黎之行似乎并没有激起洪堡直接的、相同的反应。但在接下来数年中，可以发现洪堡在其著作中多处对法国大革命进行了严肃的讨论。这主要涉及洪堡的政治著述，本章将对此进行介绍。

回程中，洪堡经过德国以南的许多地区。他先去了瑞士，在苏黎世（Zürich）遇到约翰 · 卡斯珀 · 拉瓦特（Johann Caspar Lavater），此人是备受争议的“观相术”（Physiognomik）理论的创立者。洪堡虽然对这个理论持些许保留态度，但还是明显受到了它的影响，这在十余年后他停留西班牙数月的报告中有所反映。接着，洪堡再次回到家乡，自 1790 年春季起在柏林法庭进行法律候补官员的见习。参加第二次法律考试后，洪堡认为自己适合从事外交方面的工作，同年夏季他在外事部门担任公使馆参赞。在以后的岁月中，洪堡还多次担任了外交职务。

由于对普鲁士国王倒退的政治路线感到失望，1791 年夏季，洪堡和卡洛琳娜·冯·达赫罗登（Caroline von Dacheröden）结婚以后，放弃了国家公职。当时法兰西革命运动高涨，而欧洲其他国家的反革命势力集结；1792 年秋季法国反革命联盟势力发起的第一次大运动以失败告终；普鲁士、俄国和奥地利多次侵占波兰王国的领土（1793）；弗斯特在法国人占领了美因茨主教管区后成为了那里的革命头领，不久以后就去了巴黎，1794 年 1 月在那里去世：当所有这些事件发生的时候，洪堡夫妇深居简出，从 1791 年夏季起，搬回到了达赫罗登，博格尔纳（Burgörner）和奥利本（Auleben）家族在图林根的庄园，冬季住在埃尔福特（Erfurt）。在那里，洪堡夫妇 1792 年迎来了他们的第一个孩子，一个女儿。

作为学生游学于德国，至 1794 年春天年轻的洪堡一家迁居耶拿（Jena），在此期间，诞生了洪堡第一批伟大的作品：这些著作研究了希腊古典文化，重点思考了国家的功能。

关于国家和宗教

洪堡笔下最早关于国家问题的文章，应该是 1790 年他在柏林逗留期间撰写的《论宗教》（*Über Religion*）。这篇短文缘于司法大臣和司法部教堂及学校事务部门负责人，约翰·克里斯朵夫·沃尔纳（Johann Christoph Wöllner）于 1788 年 7 月 9 日发布的一道宗教谕令。沃尔纳是弗里德里希二世（Friedrich II.）治下具有启蒙精神的卡尔·阿巴姆·冯·赛得利斯（Karl Abraham von Zedlitz）的接班人，他试图通过弗里德里希的侄子和王位接班人、弗里德里希·威廉二世国王（König Friedrich Wilhelm II；1786 – 1797 年在位），推行一种保守和独裁的路线。其中尤其要对宗教言论进行严格的控制，也就是说，之前民众拥有的一些自由将被取消。对于业已启蒙的公众而言，这是一个高度敏感的问题。弗里德里希二世的座右铭是，在他的国家，每个人都可以按照自己的生活方式获得幸福，而现在按照沃尔纳的谕令，教师和牧师禁止传授右派（新教）的“错误”信仰，否则会以革职惩处。1794 年，就连著名的哲学家伊曼努尔·康德（Immanuel Kant）都认为自己受到了警告，不许再贬低基督教。沃尔纳的动机很明确：他要加强作为国家和社会秩序稳定剂的宗教力量，因为他感到，弗里德里希二世所允许的、对信仰问题的理性和启蒙言论已经威胁到了国家的稳定。然而，由于知识阶层的抗议，这些严格的言论限制最终没有像其始作俑者沃尔纳计划的那样得以坚决执行。洪堡的辩诉可以看作是这道谕令所激起的公开讨论的一部分。当然，由于这篇有关宗教的论文并未在洪堡的有生之年出版，这一辩诉也只在私下进行。1788 年洪堡游学德意志之时，沃尔纳的谕令估计是他与朋友间谈论的重要话题。

洪堡这篇论文的主题和意图就是反抗这道谕令。在文中，他以最好的启蒙主义方式、坚决反对把国家和教会事务互相混杂，从而和沃尔纳以及普鲁士国家教会事务的拥护者作斗争。教会和国家应该分开。这是早期自由主义的一个基本信条。

洪堡尤其反对国家以此为由把持宗教事务，说什么只有这样，才能在公民中推行道德准则。他认为事实恰恰相反：只有国家尽可能从所有事务、包括宗教事务中抽手，真正的美德才会产生。而宗教情感并非是公民道德作风形成的必要前提。只有当立法者尊重人的自由，并“建立一个国家，使公民有可能成为真正的人，也就是可以完全履行作为人的一切活动”（《威廉·冯·洪堡》，第1卷，第7页），也就是在真正自由的、不受外界阻碍的生存条件下，人性固有的潜质才能向善发展。但这与宗教无关。道德和宗教更是“完全没必要互相联系”（《威廉·冯·洪堡》，第1卷，第23页）。沃尔纳坚持宗教和道德相关，对此洪堡则明确加以否定。

强调人类的道德独立，是当时学者的普遍观点。而对大多数启蒙主义者而言，比如莱辛（Lessing），这种见解与他们非教条性的上帝信仰相符。而洪堡则不然。他认为，强调道德的独立，在某种程度上恰恰是表达了对所有超验论宗教的一种怀疑。从这方面来讲，洪堡更接近于康德的客观理性伦理学。只有到了晚年，洪堡才更多地思考信仰问题，并对基督教的传统产生了积极的感受。

当然，年轻的洪堡也没有完全拒绝宗教。他认为，就像艺术家观察自然、进行模仿一样，人类的道德需要“观察和了解具有最高境界和达到理想状态的神性的完美性”（《威廉·冯·洪堡》，第1卷，第25页），因为宗教最终对形成社会道德法则还是具有一定价值的、尽管价值有限。洪堡认为，国家可以促使个体有机会接触宗教思想，但是国家不应该去约束公民、让其必须遵循某些宗教原则。“因为，真正的美德并不依赖于任何被强制推行并以权威崇拜为旨归的宗教，也与之水火不容。”（《威廉·冯·洪堡》，第1卷，第26页）而沃尔纳的宗教谕令则意在于此。

洪堡在他的论文中描绘了一幅现代国家的蓝图，这样的国家保证宗教的作用，但并不试图以此去左右公民的宗教生活。除此之外，对洪堡来说，借助于对国家和宗教关系的讨论，可以提出关于人类本质的问题。面对所有的外部要求，——比如上述国家要求他的公民具有一定的宗教信仰，年轻的洪堡特别强调人的自由权利。这也符合他早在18世纪80年代中叶作为启蒙主义的拥护者所具有的坚定信念。然而，洪堡给人的这一印象，稍后就会有所改变。

宪法问题

《关于国家宪法的思考：法兰西新宪法的启迪。摘自1791年8月给朋友的一封信》（*Ideen über Staatsverfassung, durch die neue französische Constitution veranlasst. Aus einem Briefe an einen Freund vom August 1791*）未署名发表于《柏林月刊》（*Berlinische Monatsschrift*）1792年1月刊。18世纪80年代，康德和门德尔松（Mendelssohn）在《柏林月刊》上探讨过“什么是启蒙运动”这一问题，因而它是当时知识界众多期刊中最重要的刊物。

这篇论文节选于洪堡写给他在柏林任候补官员时与他关系良好的政论作家弗里德里希·根茨（Friedrich Gentz）的一封信，即论文标题中所称的“朋友”。正如当时几乎所有的知识分子，根茨一开始赞同法国大革命，但不久以后便对其进行了批判。已经转变为公开的革命反对者的根茨，于1793年完成了对埃德蒙德·波尔克（Edmund Burke）的《对法国革命的反思》（1790）的德文翻译。以书信体撰写的《反思》是被广为传阅的早期反对法国革命的论战文章，也在德国引起了巨大的反响。

反对革命也是洪堡思考的问题，即便他——文章中相应段落能够证明——并不否认历史的必然性，即革命的必要性。另外，他还在《关于国家宪法》这篇文章中（见下节），详细地介绍了加布里·德·米拉堡伯爵（Graf Gabriel de Mirabeau），一位杰出的革命先驱，但是仅活跃于革命早期的公民运动。后来在巴黎逗留期间，洪堡和其他早期公民革命家保持了密切的私人联系。如果洪堡关于宗教的论文是对争议性问题的理性辩护、可以作为启蒙主义文章阅读的话，那么洪堡现在尝试着去告诫人们，让理性的统治不要过度。

洪堡的上述思考，源于革命的法兰西经过长时间酝酿后、计划在1791年夏季正式公布的宪法。根据新宪法，法国将成为国王权力受到严格制约的君主立宪政体。这部宪法保障了人民的基本权利——这是1789年大革命的主要成就。它以人民独立自主的原则为基础，计划按照监督原则进行人民代表的选举。人民代表除了有立法权，还有行政权，具体来讲是监督由六位大臣组成的政府及其工作。这样，法兰西就拥有了一部现代的、远远超越其时代的宪法，按照洪堡的评判，也拥有了一部“完全按照理性的原则进行系统设计的国家宪法”（《威廉·冯·洪堡》，第1卷，第36页）。然而，在宪法的批判者眼中，问题正在于此：这样的一部宪法值得赞同吗？还有，这样一部按照纯哲学准则撰写的——正如洪堡所言，（《威廉·冯·洪堡》，第1卷，第34页）一部“按照计划”制定的宪法——尽管看上去足够理性，但是能够持久吗？

波尔克（Burke）认为，政治局势只有顺应历史发展才会有合法性和持久性，这给了上述问题一个可能的答案。相反，从理论出发对一个社会进行理性规划，则遭到了波尔克的坚决反对，因为他认为，这种尝试必定会陷入混乱与暴力之中（就好像波尔克早就预见了法国大革命会突变成恐怖与暴力！）。历史的进程并非偶然，因此不能任意操控，历史的进程更多体现了天意，而人类决不能违背天意。在这个意义上，波尔克认为，他的家乡英国经过几个世纪发展起来的宪法机构具有表率作用。在英国，波尔克起初是一名自由主义者，后来倾向于保守党，也曾数十年担任英国下院议员。其实，波尔克并不拒绝变革。但他认为，如果改革不可避免，那就应该谨慎地一步一步进行，在现有的基础上小心地逐步发展，决不可以冒进。

如果波尔克和他的德文译者根茨，想要用《反思》来调动公众反对革命的话，他们做到了。尤其是在德国，革命反对者组成了广泛的战线，明确反对革命所标榜的抽象原则。洪堡也认同了这一批评，由此站到了波尔克（而不是他1788的交谈伙伴乔治 · 弗斯特）那一边，尽管当时他还没读过波尔克的文章。

如果从人类学的角度看待法国大革命，洪堡和波尔克持有相同的观点。人具有历史的本性，波尔克认为法国大革命是反人性的暴动。正是在这个意义上，洪堡也坚信，只有有机地从固有发展而来的事物才能被接受、才能够持久。这也同样适用于用以规范人们共同生活的宪法。“理性也许有能力运用现有的材料进行构造，却没有创新的力量。这种力量，安置于事物的本质，并创造事物，真正明智的理性激发它发挥作用，并试图去驾驭它。它低调地静默着。国家宪法，不能像幼芽嫁接到树上一样，将自己强加于人。如果没有时间和自然的前提条件，就好像将花系在绳子上。第一天正午的阳

光就会令其枯萎。”（《威廉·冯·洪堡》，第1卷，第36页）

洪堡论宪法一文并不意味着他成了毫不妥协的革命反对者，这一点体现在他对革命的积极论述上。他想要做的是，建立一个既受到理性操控又源于历史的人类共同生活的秩序。他的论文就是要传递这一思想。

对国家权限的反思

洪堡于1792年夏天在博格尔纳庄园写下了《试论国家的权限》（*Ideen zu einem Versuch, die Gränzen der Wirksamkeit des Staates zu bestimmen*）一文。这篇论文也部分地融入了洪堡的一些前期研究，如1790年的关于宗教的论述、还有给根茨的信。其中单个章节分别在弗里德里希·席勒主持的《新女神》（*Neuer Thalia*）和《柏林月刊》发表。但论文没有完整地发表，因为没有通过当时官方的审查——至少洪堡是这么认为的。另一种说法是，因为作者不切实际的稿酬要求。

关于国家权限的问题，洪堡已经作了较长时间的研究，这不只体现在他关于宗教的论述中。青年时期，他就和老师昂斯特·费迪南·克莱恩讨论过这个问题，克莱恩与现在的洪堡不同，他主张国家拥有广泛的权限。同时，和他青年时代的第二位老师，克里斯蒂安·威廉·多姆，洪堡最晚在1789年也谈论过这个话题，相反，多姆认为，国家的功能并非无微不至地去关心它的公民，因为无微不至也就意味着剥夺公民的自决权。关于国家行为合法性的讨论之所以尚处在酝酿之中而未爆发，是因为在18世纪90年代早期，始于弗里德里希二世的所谓的《普鲁士国家通用法》（ALR）即将完成制定。国家通用法是一部大型法律，这部法律将第一次全面规定国家机构的权限及其与公民社会的关系。克莱恩就是参与制定通用法的法学家之一。1794 年这部法律生效。

在《试论国家权限》中，洪堡强调了他在论宗教一文中已经初具轮廓的观点：国家面对他的公民，应该克制自己的权限。由此，他追随了多姆而不是克莱恩推荐的路线。洪堡强调，国家唯一的目的应该是“保卫安全，既要对抗外敌”——洪堡（只在这种情况下）认为战争是合理的——“又要反对内部纷争”——以避免自我执法和一场所有人对抗所有人的持续战争（因此，他认为，国家的任务是建立一个有效的法律和司法体系）。洪堡尖锐地称国家为“安全机构”。而国家的任务不应超越这一任务。从上文我们也已获知，洪堡认为，国家尤其应该从信仰的问题中脱身。国家也不能干预公民的经济行为，不应该经办那些教育机构。只有这样——作为一个人们早就熟知的普遍概念——人才能拥有自由，才能“对他的全部力量进行最高级和最均衡的塑造而使之成为整体”（《威廉·冯·洪堡》，第 1 卷，第 64 页）。《试论国家权限》一再强调人拥有这一权利，“只出于自己的意愿并为了自己而生活”；但在现实中，人们或者在独裁国家无限的权威下生活，或者苦于极端的人民国家革命。

社会民主政治家费迪南·拉撒勒（Ferdinand Lassalle）指责洪堡设计了一种“更夫国家”的模式，这并不奇怪。然而，人们忽视了，洪堡并不是曼彻斯特自由主义的追随者，对于超越安全保障范畴的措施，正如他所言，如能保障公民的“积极富裕”，他绝不反对。但是关心公共福利的却应该是公民自己。洪堡真正担心的是，正是“国家的关心和帮助”恰恰会减弱公民“互相帮助”的意愿。这有例为证：比如在19世纪的合作社运动或在以协会形式运作的私人慈善活动中，这种公民互助的乌托邦得以实现。如将洪堡所言用现代的话语来表达，我们称之为文明社会中有自决意识的公民的责任心。

洪堡早期的政治思想：结语

想要了解洪堡的立场必须了解那个时代的形势。

让我们再来回顾一下当时的形势：市民阶层知识分子开始越来越多地讨论政治事务。而这场讨论的催化剂是法国大革命。然而，人们对此思想有所分歧。一部分人认为革命是理性的化身，可以实现启蒙运动的理想：自由，平等，博爱。另一部分人认为自己负有维护旧秩序的使命，而旧秩序的存在已经受到了革命的严重威胁。

洪堡不属于其中任何一个阵营。首先，他所批判的，是革命的追随者和反对者的共同观点，即他们都认为国家要强势，个人和社会都应该作为整体从属于国家。革命的追随者将国家理解为人民统治的具体表现，以及产生于个人之间的契法约定，这个契约把他们的个人意志集合成为理想的集体意志（volonté générale）。法国启蒙运动的思想先导让－雅克·卢梭（Jean-Jacques Rousseau），在1762年，也就是远早于革命发生的1789年，就在他的《社会契约论》（*Contrat Social*）中构思了这个模式。而革命的批判者，如埃德蒙德·波尔克，为了能够合法维护革命前的旧秩序，他们将国家说成是不能被反抗的形而上学思想的集成，从而赋予了国家近似宗教的光环。

在雅各宾派开始他们沾满鲜血的统治之后，在德国，只有极左自由主义者支持契约理论。而革命的反对者则形成了早期的保守主义，产生了思想家，如波尔克；和政治浪漫主义思潮，如诺瓦利斯（Novalis）、穆勒（Müller）。其他一些人又重新开始寻找中间立场。从所有这些运动和政治思潮中最终形成了三月革命前期的早期党派。

洪堡，如上所述，完全是以个人权利捍卫者的形象出现。他认为，个人的权利同时受到人民政权国家的思想和形而上学的国家思想的威胁。和这两种观点相反，洪堡认为国家和社会相互对立，在公民社会的范围内，公民应该尽可能地不受外部的干涉和限制。而其中每个人的需求，如个人不受阻碍地发展和施展自我、“培养”自己的力量等起着决定性作用。如果这样，人们可以期待，政治关系会得到改善，革命就会变得多余。

在那个时代的政治理论中，洪堡属于个别现象。在德国，没有人像洪堡一样将自己的思想聚焦于个人的自由权利。只有在国外才能找到类似的观点，如苏格兰的国民经济学家亚当·斯密（Adam Smith），他的著作和洪堡的思想有明显的相似之处。

我们必须知道，洪堡既不想为政治活动建立主导学说，也无意制定出一套国家理论。他这方面的文章太过简略而无法满足这种要求。洪堡终生关注的问题是人和他的教育。因而，这里所简要介绍的，尽管以国家为对象，但更应该作为人类学和历史哲学的论述、而不是狭义的国家理论加以解读。

参考文献

史比他·底特里希（2004）：威廉·洪堡的国家思想。柏林：敦克&洪朴洛特，第9-228页。

第三章　希腊人永远无与伦比

洪堡 1794 年移居耶拿至 1808 年从罗马返回柏林，其间几年，是他集中研究古典文化——尤其是古希腊文化的阶段。在与席勒和歌德热烈的交谈中，洪堡探究了那个时期的美学论题；尤其在艺术哲学中，希腊人被视为一切事物的标准。

洪堡的妻子卡洛琳娜请求他学习希腊语，这样夫妻二人可以一起阅读荷马（Homer）的作品。在洪堡成年后的生活中，每天都至少会留出一些安静的时光来阅读经典的作家作品。有时他也隐居几周或几个月来研究古典文化。埃斯库罗斯（Aischylos）的《阿伽门农》（*Agamemnon*）他翻译了足足 25 年。尽管洪堡对古典文化的兴趣经久不衰，但是他研究古典文化的一系列关键作品，则主要成文于世纪之交的前后几年。

对古典文化的研究

该系列论文中的第一篇，《论古典文化研究：以希腊文化为重点》（*Über das Studium des Alterthums, und des griechischen insbesondere*），是尚处于隐居阶段的 1793 年 1 月、洪堡受弗

里德里希 · 奥古斯特 · 沃尔夫的启发，在几天之内写下的。手稿的副本很快在朋友圈中流传，而公众到 1807 年才对洪堡的思想有了零星了解，且并不知道作者是谁。沃尔夫曾在他的一篇介绍古代文化研究学的署名文章中，插入了洪堡论文的一些片段。

首先，洪堡在上述论文中确定了古典时期最吸引他的民族和时代：正如标题所示，是“希腊人，而且常常仅指雅典人”（《威廉 · 冯 · 洪堡》第 2 卷，第 9 页）。而特别引起洪堡关注的古典时期则为公元前 4 世纪和公元前 3 世纪的阿提卡民主时期，因为特别是那个时期的“政府宪法”（《威廉 · 冯 · 洪堡》第 2 卷，第 16 页）使希腊人有可能按照理想的方式来塑造自己。同时，洪堡绝没有忽略，希腊的理想状态是基于奴隶制度这一事实。奴隶制“使得自由人摆脱了一大部分工作，而去进行身体和精神单方面的机械技能训练。人们现在有了空闲时间，通过体操来锻炼身体，通过艺术和科学来训练心智，通过参与国家宪法、交际以及个人的思考来培养性格”（《威廉 · 冯 · 洪堡》第 2 卷，第 15 页）。

洪堡认为，希腊人所理解的那种“造就人的完美性、多样性和统一性的想法”值得效仿（《威廉 · 冯 · 洪堡》第 2 卷，第 14 页）。如果存在一个民族，能够通过“人最高级的、最均衡的发展”实现完美性，那便是希腊人。他认为，在均衡性方面后世无法与希腊艺术媲美，因为只有完美的人才有能力，在艺术上完美地呈现“多才多艺且和谐统一的人”（《威廉 · 冯 · 洪堡》第 2 卷，第 14 页）。希腊人——迄今为止也只有他们——最纯粹地实现了美的理想。

希腊人的特殊成就在于，在一个高度发达的文化中，仍然保持了“感官和品位的简单性，而这通常只存在于一个民族的少年时代”（《威廉·冯·洪堡》第2卷，第13页）。希腊人是处于高度文明中的一个原始民族，而且还是“人类本源特性”（《威廉·冯·洪堡》第2卷，第19页）的化身——作为启蒙哲学家的洪堡曾认真研读了卢梭关于“人类本源特性”的论述。无论如何，洪堡狂热地断定：“我认为，希腊人将永远……是无与伦比的。”（《威廉·冯·洪堡》第2卷，第21页）

洪堡对希腊人的热情从何而来，又为何产生？这里要讲三点：

第一，洪堡并不是崇拜希腊人的唯一一人。在他那个时代，尤其在艺术哲学方面，言必谈古典艺术，希腊人则被誉为理想的化身。这种现象在启蒙运动早期就已经出现，在约翰·尤阿西姆·温克尔曼（Johann Joachim Winckelmann）和哥特赫尔德·艾弗莱姆·莱辛（Gotthold Ephraim Lessing）身上得以延续。约翰·哥特弗雷德·赫尔德（Johann Gottfried Herder）、歌德和席勒眼中也只有希腊人。1800年前后，对希腊和罗马古典文化的热衷，成为了反贵族知识阶层的一种文化。正如我们在海涅和沃尔夫的文章中所看到的，古代文化研究学即肇始于这一时期，这也就不无缘由了。洪堡对古典文化的研究可能特别深入、特别专业，但并不是他“发现了”古典文化。

另外，洪堡急切热望希腊人和他们的文化，主要是希腊诗人和哲学家所取得的成就，这其中包含了一丝避世的动机。回归“古典文化的理想王国”，人们便可以逃离令人生厌的现世，能够在久远的从前找到灵感和精神重生的源泉以及评判的标准。洪堡在古典文化中寻找他所处时代缺失的伟人。在有关国家理论的文章中（见第二章），洪堡总是正面引述雅典的民主宪法，用以比照 18 世纪的独裁主义。

这里要讲的第三点和上文紧密相连。希腊人不仅是人们衡量自己所处时代的标准，他们同时也能引领人们走出当下的苦难。洪堡认为，对希腊人的研究“在任何情形下、在任何时代都必定对人类的教育普遍有益”（《威廉 · 冯 · 洪堡》第 2 卷，第 19 页）。这尤其有益于一个和原本简单而完美的状况相去甚远的时代，而这是洪堡对他自己所处时代作出的论断。温克尔曼早就发现：“我们有可能，让我们独一无二，那么唯一的方法，就是去模仿古代。”洪堡也这样认为。

那么怎样才能和希腊人建立一种创造性的关系？这种关系不仅让人们崇拜希腊人“高贵的单纯，静穆的伟大”（温克尔曼），而且还能从古典文化中获得启示并使之对当前面临的困难发挥积极的作用。洪堡很快就明白，他只有和研究同样问题的人进行探讨才能找到答案。

和席勒在耶拿

和这方面专家交流的愿望，驱使洪堡 1794 年 2 月移居耶拿。弗里德里希 · 席勒自 1788 年开始在耶拿大学担任历史学教授，因而当时也住在耶拿。而且两位夫人，卡洛琳娜 · 冯 · 洪堡和洛特 · 席勒也成为了亲密的朋友。这是搬家的另一个原因。

当时在魏玛，赫尔德担任基督教总牧师和高级中学校长，歌德担任萨克森魏玛大臣，而后者，为了能够不受打扰地进行文学研究，也常常来到耶拿。耶拿，这个小小的大学城，和相邻的魏玛一起即将成为当时德意志思想生活的中心。约翰 · 格特列普 · 费希特（Johann Gottlieb Fichte）刚刚被耶拿大学聘任为教授，弗里德里希 · 赫尔德林（Friedrich Hölderlin）正在这个城市逗留，奥古斯特 · 威廉（August Wilhelm）和弗里德里希 · 施雷格（Friedrich Schlegel）也即将到来。

受启蒙运动晚期艺术哲学方面的权威论文——康德的《判断力批判》（*Kritik der Urteilskraft*）的启发，在这一论文发表的同年，1790 年，席勒就开始深入研究美学问题。他在 1793 年 1 月和 2 月与德累斯顿的朋友克里斯蒂安 · 哥特弗雷德 · 科尔纳（Christian Gottfried Körner）的书信往来中 [所谓的"卡利亚斯"（Kallias）书信]，努力阐释一个存在于事物中的、关于美的客观概念，而不是像康德假定的那样，认为美存在于主观和感觉之中。后来，洪堡也与克里斯蒂安 · 哥特弗雷德 · 科尔纳保持了密切的联系。在同一个时期，洪堡也思考了关于客观美的问题，只是他具体指出了古希腊人是人类美的典范，而席勒只是抽象地理解概念，正如他所言，"试图从理性的本质"来阐释概念（然而评论者一致认为，他的这种尝试失败了）。在关于艺术哲学的讨论中，席勒也谈及"形式"，认为"美"不仅是"自由的表现"（这一提法出自给科尔纳的信，至今仍被经常引用），而且也是"完美"的"形式"。

席勒 1793 年夏天写下两篇论文，开始关注希腊人，它们分别是《审美教育书简》（*Über die ästhetische Erziehung des Menschen*）和《论优美与庄严》（*Über Anmut und Würde*）——其中第一篇又是书信体，这次是写给一位资助者，即石勒苏益格－荷尔斯泰因－奥古斯顿伯格（Schleswig-

Holstein-Augustenburg）的丹麦王子。正如洪堡，席勒也看到了希腊人具有人类发展史上所有人类能力和天资的原始的协调，尤其他们以理想的方式实现了感性和理性的统一。席勒在给丹麦储君的信中写道："我们在希腊人身上看到，充满幻想的青年和富有理性的壮年得到了崇高的人性统一，他们兼具形式与内容、哲理与知识、轻柔与活力。"在他后来的《论素朴和感伤的诗》（*Über naive und sentimentalische Dichtung*）一文中论及希腊人时，他写道："在他们身上，文化没有随意发展而使人失去天性。"

但这是过去，已经永远地逝去。席勒伤感地断定了这一事实。但他并不想面对古典文化而贬低自己所处的时代。每个时代都有其存在的道理，历史是一个充满矛盾的进程。现代社会要求理智能力，就已将人类提升到了一个新的水平，并由此超越古典文化。但是，席勒又补充道，这使人片面发展，并剥夺了人的感性能力而使之异化。人们可以从失控的革命中——正如在法国已经成为的现实，看到这种发展酿成的后果。这也是正陷入恐怖之中的革命所传达的一个信号，它促使人们努力去克服现代社会的片面性。上述观点类似于洪堡在他早期有关国家理论的文章中所进行的对革命的批判。像洪堡一样，席勒也在寻找不经革命的颠覆而改善现状的可能性。

要做到这一点必须重塑人类已经丧失的全面性，但这无法通过简单的"回到古代"来实现。这时，艺术就会派上用场。美学体验能够克服人性的割裂和片面。美，尽管一开始只是"美的外表"，能使人们获得更好的机会，并由此使人们去追求美。人可以在艺术中获得感性和理性的共鸣，最终认同这种共鸣。

在席勒创作《论素朴和感伤的诗》的过程中，洪堡于1795－1796年间给他写了大量的书信，并作了很多口头的评论。在这篇文章中，席勒以艺术家为例，精要地强调了艺术创作过程的艰辛："素朴的人"，作为古希腊人的典型代表，具有感觉与思想、想象与理性的自然统一；而"感伤的人"，作为现代艺术家的典型代表，需要理性地认清这种统一、并用心地去创建它。

在耶拿的几年，洪堡和席勒每天见面，联系非常密切。由于母亲在柏林病重，洪堡于1795年夏天离开耶拿，长达16个月，其间与席勒有着频繁的书信往来。这几年，没有人比洪堡更积极地参与到席勒的艺术理论研究之中。

歌德1794年开始创作《威廉·迈斯特的学习时代》（*Wilhelm Meisters Lehrjahren*），1796年至1797年间创作《赫尔曼与窦绿苔》（*Hermann und Dorothea*），洪堡也与他保持着交流。他们一起听费希特有关人类学的课程。歌德总是请求洪堡提出建议并给他一些实际的提示，因为洪堡精通希腊语，是一位出色的希腊哲学和文学专家。

洪堡自己很少写作，只是在继续翻译《阿伽门农》。另外，他还写了一篇关于品达（Pindar，古希腊诗人——译者注）的文章和几篇书评，并尝试总结18世纪的一般特点。他还计划研究比较人类学，但这项工作一直做得零打碎敲。为准备这一巨大的工程，他完成了两项人类学研究：《论性别的差异及其对机体性质的影响》（*Über den Geschlechtsunterschied und dessen Einfluss auf die organische Natur*）（《威廉·冯·洪堡》，第1卷，第268页）和《论男性美和女性美》（*Über die männliche und weibliche Form*）（《威廉·冯·洪堡》，

第1卷，第296页）。这两篇论文延续了1792年《试论国家的权限》中相应的思想，研究了洪堡认为最基本的人类学关系，即两性之间的关系，他把这种关系视为自然的、追求互补的两极关系。这两篇论文，1795年在没有署名的情况下，发表于席勒在洪堡协助下创办的杂志《时序女神》（*Die Horen*）。洪堡和席勒关于人类双重天性的讨论集中于两个关键词，即精神和自然，现在以性别二元性的形式重新出现。这两篇论文被教育阶层基本认可并接受，但令洪堡感到遗憾的是，恰恰不被康德认可，他评价文章写得过于狂热。而康德的意见洪堡尤为看重。与席勒和歌德的交流很快就要结出硕果，但它并没有淹没在两位精神巨匠的阴影中、也没有产生在这个萨勒河边的小城中。

1797年4月底，洪堡离开耶拿。其原因可能是，此时席勒又开始专注于文学创作。度过了对艺术理论问题进行哲学思辨的时期，席勒全身心地投入到《华伦斯坦》（*Wallenstein*）的创作之中。1830年，洪堡在他与席勒书信往来集的前言《论席勒及其精神发展过程》（*Über Schiller und den Gang seiner Geistesentwicklung*）这篇小文中写道，席勒进入了“他晚年辉煌的诗歌创作阶段”（《威廉·冯·洪堡》，第2卷，第389页）。此外，洪堡的性格也是他离开的一个因素。一个不安分的灵魂，几乎不会长久地在一个地方停留。另外，他还要在柏林处理他母亲的遗物。一如往常：洪堡一家先到柏林，然后到维也纳，他们本想从维也纳前往意大利，但由于拿破仑战争而无法实现。短暂的抉择后，他们搬去了法国。洪堡一家于1797年11月18日移居巴黎。

洪堡一到巴黎就开始撰写一部有关文学理论的长篇论文，以总结他与席勒、歌德交流的成果。1797 年 11 月至 1798 年 4 月间，洪堡写下了研究性论文《论歌德的〈赫尔曼与窦绿苔〉》（*Über Goethes Hermann und Dorothea*），其内容比歌德诗歌本身更为丰富，因而不仅仅是一篇书评。洪堡更多的是想表述自己关于诗歌理论的见解，以歌德作品为例并结合对席勒的研究将之勾画出来。

简而言之，该论文分为三大章。在其中某些段落，洪堡尝试对艺术——雕刻，绘画和诗歌——以及不同的诗歌种类进行区分，对此我们不再作进一步的介绍。文中，洪堡借鉴了同时代其他相关论文的重要思想，比如 1766 年莱辛著名的《拉奥孔》（*Laokoon*）。但是，让我们感兴趣的并不是洪堡关于文学理论的立场——尽管它们能够激发灵感，而是其中体现出来的洪堡对古典文化的见解。由此可以看出，洪堡与席勒的讨论对作者并非毫无影响。

这种影响体现在洪堡如何对待有关艺术和艺术家使命这一问题上。通过和席勒的谈话，他看到了现代人被破坏的自我认同，也认识到了艺术家的使命，即“在我们的灵魂中消除每个对现实的记忆，只保留想象力的生机与活力”（《威廉 · 冯 · 洪堡》，第 2 卷，第 137 页），因为只有这样，才有希望认识到业已丢失的东西：即人类存在的完整性。像席勒一样，洪堡现在认为，通过艺术创造的另一种现实或者“更高程度的客观”（《威廉 · 冯 · 洪堡》，第 2 卷，第 161 页）是“理想的”，只有它们能将艺术家的活动“带入到想象力的纯粹领域”（《威廉·冯·洪堡》，第2卷，第139页）。在这里，重提古希腊人不足为奇，古希腊人的生活态度本能地呈现出一种理想状态，而现代人却只能通过艺术的想象力才能够达到。

论文的新颖之处，是洪堡放弃了他原有的立场。他曾认为希腊人和他们的艺术不仅是榜样性的，还是无与伦比、难以企及的，也就是“独一无二”的。受到席勒的启示，他第一次了解到，一百多年以来，德国艺术哲学中一直在争论古典艺术在现代充当的角色及其意义，同时了解到这场争论早有定论。几十年前，莱辛就谴责了“对古代奴隶式的崇拜”，而这种崇拜在他那个时代受到以莱比锡人约翰·克里斯多夫·哥特施德（Johann Christoph Gottsched）为首的诗歌理论家们、后来又受到著名的温克尔曼的推崇。之后，席勒反对“古老而素朴的诗人”“单一的戒律”。现在洪堡也持这种观点。他接受了，美不只是来源于对自然的简单模仿，正如希腊人所做的那样（如亚里士多德所写的诗歌）。洪堡从席勒那里学到了，在现代，美更是一种反思行为的产物。希腊人本能所造就的，现在要艰难地通过理性来塑造。在1803年10月22日从罗马写给他耶拿时期的朋友席勒的最后一封信中，洪堡再次许诺：“事物的标准在我心中是固定不可动摇的；世界上最高的是、并且永远是——理性”（《弗里德里希·席勒与威廉·冯·洪堡的通信。共2卷》，第2卷，第263页）。

无论如何，洪堡现在意识到，尽管可以坚持认为希腊艺术家具有典范性，但是必须承认，现代艺术家能够通过他们自己的方式、像荷马一样完美地进行创作。而且，洪堡还认为，甚至存在一种诗歌，能够以古典的方式表达现代的反思，尽管只有少数出色的例子。为此，他例举了意大利文艺复兴诗人阿里奥斯托（Ariost）以及歌德和他的叙事诗《赫尔曼与窦绿苔》。关于歌德的这部作品，洪堡写道："我们发现，这部作品在纯客观的叙述方面不亚于古代的作品，它以这种形式表达了丰富的精神和情感内涵，这在新式诗人中极为鲜见。这部作品又把我们完全带回到古代素朴、自然的真实中去。"（《威廉·冯·洪堡》，第2卷，第236页）

耶拿的朋友们对这篇论文反应不一。席勒最初赞赏，但不久之后又作出了一个偏批评的评价：他认为洪堡的文章过于枯燥和死板。歌德本来就对洪堡给与他的实际帮助更感兴趣，而非他关于艺术理论的反思。除了自己的交谈和通信伙伴席勒，歌德不认为在这方面还有其他人能与其旗鼓相当。

对洪堡论文的反响并不积极。但受到法国首都热烈的学术气氛的感染，洪堡和他的妻子很快就在他们巴黎的寓所成为乐于争辩的德、法学者沙龙的中心人物。而其中最有名的法国学者应该是革命的先行者、当时在政治上又变得非常活跃的埃布·德·西耶斯（Abbé de Sièyes）和女作家杰曼·德·斯塔尔（Germeine de Staël）。此外，洪堡也是巴黎博物馆的常客。其中他对奥古斯丁博物馆（Augustiner museum）尤感兴趣，1799年他在给歌德的三封信中都曾提及到它，因为那里陈列着大量的半身塑像和肖像，可以帮助他进行人类学相貌外形的研究。这个博物馆还陈列着许多来自法军占领国、尤其是意大利的古典艺术作品。

从上面提及的几封关于法国奥古斯丁博物馆（《威廉·冯·洪堡》，第1卷，第519页）的书信以及从洪堡其他的言论中可以看出，随着他生活重心的转移，新的研究主题和新的工作方法开始占据主要地位。他想要开始研究人类学，为此也已经做了第一阶段的准备工作，因而洪堡越来越注重精确的观察和材料的收集。民族的精神通过他们的语言得以传递——如果说这一观点是洪堡古代文化研究的基石，那么现在他就要进一步深入研究语言和民族性格之间的关系。洪堡为何要投身到这两项艰巨的工作中去，原因不难理解。

西班牙之旅

1799 年 9 月，洪堡一家启程去了西班牙。通过法兰西西南部和巴斯克地区前往西班牙南部，接着到马德里，从那里又折回，几近辛劳，终于在 1800 年 4 月 18 日，返回巴黎。歌德在他的意大利之旅（1786 – 1788）之后的几年间（即 1813 – 1817）从旅行日记中整理出了著名的《意大利之行》(*Italienische Reise*)，受此启发，洪堡在《西班牙之行日记 1799 – 1800》(*Tagebuch der Reise nach Spanien 1799-1800*)（《威廉 · 冯 · 洪堡全集》，第 15 卷，第 47 页》）中，也记录了他的点滴印象。

1801 年 4 月 19 日至 6 月 14 日，洪堡又重回法国南部、来到巴斯克地区，这次是由一位年轻的同乡陪同。在这里，他也撰写了旅游日记，并在此后几年中将其整理成为一本详细的报告:《论 1801 年春比斯卡亚和法国巴斯克地区之行》(*Die Vasken, oder Bemerkungen auf einer Reise durch Biscaya und das französische Basquenland im Frühling des Jahres 1801*)。在巴黎，洪堡借助字典学习了面临消亡的巴斯克语言，并被这种语言未受到“文学和科学教育”（《威廉 · 冯 · 洪堡》，第 2 卷，第 424 页）的影响而保留的原始特征深深吸引。实际上，他在报告中对语言问题着墨不多，更多的是对所到地区自然和风景的细致描写，夹杂着历史的解说和政治的反思。引人注目的还有他所作的精确的人类学观察，如当地人的相貌特征、他们的节日和风俗习惯。这里便显示出了他早年和拉瓦特接触所受到的影响。

1801 年夏天，洪堡一家回到柏林，在这里一直生活到 1802 年 9 月。在此期间，为了担任驻梵蒂冈的普鲁士公使，洪堡重新开始了他暂停的国家公职。5 年前没有做到的事，现在梦想成真：前往意大利。1802 年 11 月 25 日，洪堡在家人的陪伴下抵达罗马。

罗马

洪堡在罗马的公职比较清闲。因此，即便遭受痛失二子的打击，期间他也可以远游到古代废墟遗址，进行哲学研究——也包括一些美学问题，并对他的希腊经典文章译文精雕细琢。从温克尔曼、席勒再到歌德，正如其他热衷希腊文化的学者，洪堡也崇拜着古老的希腊。他认为罗马人是希腊人的继承者，因此对他而言，罗马便是从未谋面的希腊的替代。罗马城再次激起了他对古典文化的狂热。因而，洪堡在罗马期间的作品让人感到，他远在耶拿的朋友席勒并未对他产生过那么巨大的影响，抑或是在新的生活环境下，席勒的影响已基本消失。

洪堡 1806 年撰写的《拉丁与希腊：或关于古代文化的思考》（*Latium und Hellas oder Betrachtungen über das classische Altertum*）是一部不完整的作品，其中洪堡再次高唱了对希腊人的颂歌。洪堡是如此地沉湎于他对希腊文化的崇拜，以至于他在写作《论歌德的〈赫尔曼与窦绿苔〉》之后，又开始谴责“新兴艺术”是做作的、甚至是徒劳的，因为“新兴艺术”只是“追逐”美，它“讲述本性，但没有钥匙来开启本性”（《威廉·冯·洪堡》，第2卷，第33页）。他认为“古希腊艺术”“没有直接追求美和个性就获得了美和个性”（《威廉·冯·洪堡》，第2卷，第33页），而现代艺术则相形见绌。

在1807年秋天撰写的《希腊诸共和国的覆灭和衰落史》（*Geschichte des Verfalls und Unterganges der griechischen Freistaaten*）中，他再次强调了希腊人。该文中，洪堡先是在马其顿（Makedonien）的菲利普和亚历山大、然后在罗马人身上，探求古典时期这些小型城市共和国丧失独立的原因。文中写道：“我们只有在古典文化中，才能找到那种完全的美的平衡，这在现代永远找不到了。”（《威廉·冯·洪堡》，第2卷，第97页）从对希腊人的观察中，他想要汲取“一些超越尘世的，近乎神圣的东西”（《威廉·冯·洪堡》，第2卷，第92页），或者，“现代的任何事物都无法和古典文化比拟”（《威廉·冯·洪堡》，第2卷，第100页）。在古代，洪堡看到了“一丝被神灵点亮的、绽放的人性”，这“与我们的愚蠢和短浅目光相对”（《威廉·冯·洪堡》，第2卷，第100页）。

另一方面，洪堡在《拉丁和希腊》一文中就已认定——这又使人回想起他因席勒影响所持的观点，“德国人”取得了比其他民族更多的艺术成就，这些成就“近乎希腊精神，甚至可能较之更高”（《威廉·冯·洪堡》，第2卷，第55页）。纲要式小论文《论希腊人的特性：从理想和历史的角度进行观察》（*Über den Charakter der Griechen, die idealische und historische Ansicht desselben*）成文于 1807 年，文中若干章节收录在他关于希腊诸共和国的论述中。在该研究中，洪堡进一步强调了《论歌德的〈赫尔曼与窦绿苔〉》一文所持的立场，也就是说，他重提精神和天性分离的话题，讨论现代人生活中的这一矛盾。席勒曾经对这一矛盾有过出色的描述，但两人有一个本质的区别：席勒从文化批判的角度解释这种经验，而洪堡现在转变视角，视这种经验为机遇，断定“新的”将会“超越旧的”，因为尽管“分离之后，结合更为困难，但也会较之以前更为紧密”（《威廉 · 冯 · 洪堡》，第 2 卷，第 70 页）。换句话说，谁有过异化的经验，并通过反思、借助想象力来战胜它，就领先于那些缺乏这种经验的人。并非偶然，洪堡第一次接触了——尽管并非毫无保留——充满想象力的浪漫主义诗歌和谢林（Schelling）的哲学，他开始满怀兴趣地阅读谢林。

现在，洪堡又能较为轻松地看待和希腊人的关系了。他写道，“希腊人”，是“一种模式，他们的无可企及性激励着人们”（《威廉 · 冯 · 洪堡》，第 2 卷，第 70 页）。他要借此表达：人们应该研究希腊人，将他们视为榜样，以他们为例激励自己，通过研究他们塑造自己，但并非要将自己变成当初的希腊人。

事实上，人们可以将这些论作理解为洪堡的过渡作品。洪堡认同现代和同时代的诗歌艺术，认为它们与古典时期不相上下、在某些方面甚至有所超越，这暗示着他即将告别罗马、走出“古典时期的理想王国”，正如洪堡具体的生活经历。而他对于古希腊诸共和国没落和衰亡的反思，完全可以联系德国当时的形势加以解读，因为洪堡在对希腊满怀热情的同时，也越来越多地研究了德国的形势。洪堡写道：“当它的自由第一次受到攻击时，希腊在很多方面便已退化和堕落”（《威廉·冯·洪堡》，第2卷，第75页），这尤其可以使人联想到刚刚被拿破仑夺去主权的德意志和普鲁士。他认为，这不仅仅因为它们军事上处于劣势，还因为它们政治和社会上整体的僵化和落后。这种历史的巧合为洪堡提供了依据，类似于将德意志人称作“新时代希腊人”的弗里德里希·施雷格，洪堡得出结论：“较之任何一个民族、相比更接近古希腊的时代，德意志和希腊人的纽带要坚固得多、紧密得多。”（《威廉·冯·洪堡》，第2卷，第87页）。

参考文献
穆勒·沃尔末，库特（1967）：诗歌和想象力.威廉·冯·洪堡的诗歌理论。斯图加特：J·B·麦思乐出版社。
斯坦勒，彼得·布鲁诺（1959）：威廉·冯·洪堡的古代印象。苏黎世，斯图加特：阿提密斯出版社。

第四章 完整的教育理论

洪堡在艺术哲学研究的框架内，也思考着人的教育问题。教育，在现代是无法进行标准化定义的，这是洪堡思想的核心。摆脱一切秩序的人是自由的，然而也因此被强迫，在与周围环境的交流过程中按照自己的“观念”来塑造个人的形象。教育是一项任务和一个开放的过程，而不是一种封闭的状态。

有关教育概念的前言

“教育”（Bildung）这个概念在洪堡的著作中反复出现，并非偶然。虽然哲学家摩西 · 门德尔松（Moses Mendelssohn）1784 年在《柏林月刊》的文章中断言，“启蒙、文化和教育这些词汇在我们的语言中还是新生儿”。但实际情况是，起码教育这个概念在德语中早已存在。在中古高地德语中就有了“bildunga”或“bildunge”这样的词汇。这个概念最终在赫尔德、康德和席勒的文章中扮演着重要角色，歌德也用过它，例如在《威廉 · 迈斯特的学习时代》中，他描写了一个市民个人的教育过程。另外，还有这方面的外来词，比如卢梭和他的教育小说《爱弥儿》（*Emile*；1762），或英国哲学家沙夫茨伯里（Shaftesbury）的“内在形式”（inward form），这些概念在德语中也被翻译成了“教育（Bildung）”。

在这种背景下，门德尔松指出，受上述影响，教育的概念经历了语义上的彻底改变。处于“教育（Bildung）”过程核心的是人。而这个认识的确是崭新的，不再是中世纪的神秘主义和之后17、18世纪的虔信主义所认为的上帝，或者是启蒙运动者所要求的自然，应成为“教育”——这个塑造灵魂和精神过程的榜样和标准的，相反应是人自己，尽管这里的“人”是指艺术所强调和表现的那种理想的人。而洪堡，则为教育概念中出现人本主义的新强音作出了贡献。

此外，门德尔松还观察到，教育概念得到了越来越多的使用。尽管启蒙、文化和教育这些概念尚未进入日常语言，正如门德尔松所言，“普通人对其一无所知”，但他注意到，这些词已经成为“书本语言”的一员。门德尔松想要表达的是：这些概念丰富了教育阶层（!）的词汇。在那些数量骤增的社会先锋中，包括洪堡在内，教育概念晋升为一个他们互相沟通和理解的工具，也成为了社会名望的标志，因为，谁想属于这个阶层，就必须“接受过教育”。

不完整的教育理论

洪堡没有编写过教育理论。然而，在艺术哲学思考的基础上，他尝试设计出教育理论的一个基本框架，但相关的阐述并不完整。

教育概念是洪堡著作的核心概念，这在很早之前，即1792年的《试论国家的权限》一文中便有所体现。同时，这篇论文也引起了作者对教育理论的思索。在该文中，洪堡写道："人的真正目的——这不是由其变换的爱好、而是由永恒不变的理性决定的——是对他的全部力量进行最高级、最均衡的塑造而使之成为整体。对这种塑造而言，自由是首要且不可或缺的条件。除自由之外，人性力量的发展还需要其他因素，即环境的多样性，尽管它与自由密切相连。即使是最自由、最独立的人，如果处于单一的环境中，也不会有较大的发展"（《威廉·冯·洪堡》，第1卷，第64页）。

上文也提到了教育的目标：只有当一个人的人格成为一个均衡的，或者说是和谐的整体时，才算是受过教育；这种人格并非千篇一律，而是各具特点。几年后，洪堡提到了一种"鲜明的、独特的个性"（《威廉·冯·洪堡》，第1卷，第512页），而这种个性具体显现在杰出艺术家、哲学家和科学家的作品之中。

上面的引文也谈到了教育成功的前提条件。而其中一个条件是"自由"，它必不可少，这个思想在洪堡有关国家理论的早期著作中已有介绍，这里不再赘述。但这让我们进一步理解，为何洪堡极力反对所有的、包括来自国家的对自由的束缚。

另外，洪堡也提及"环境的多样性"，或者说充满活力的环境。从时间上来看，洪堡这里影射了18世纪末等级社会的生存环境，它乏味、令人窒息，或者说是"单调"，因为人们对他们所生活的社会无可奈何。洪堡的评论也可以解读为，他对工业社会中职业和工作环境片面性的一种预感。也就是说：作为对人性力量进行"最高级、最均衡的"发展的教育，在这种环境中无法实现。在教育理论方面，"环境的多样性"指明了教育的基石，即人和世界的关系。

可以想见：教育是一个个人的过程，它是一种“自我教育”。洪堡以旧式的宗教概念传统阐述了这一概念，把教育描述为一种内部灵魂的活动（神秘主义！）。他在1794年或1795年撰写的一篇短文中提到，处于所有教育“中心”的“是人，他们不带任何意图，只想要加强和提高自己天性的力量，使他的天性具有价值并能够持续存在。”（《威廉·冯·洪堡》，第1卷，第235页）在后来的科学院版本中（见第九章），编者给这篇短文加上了《教育理论》（*Theorie der Bildung des Menschen*）这一标题。

但人怎样才能赋予自己“价值和持续的存在”？只有当人将其内部的力量和自我的意志“转变成为自身之外的事物”（《威廉·冯·洪堡》，第1卷，第237页），而且它们并不指向自我、而是“世界”。继续上文，洪堡写道：“因为纯粹的力量需要借助物体来锻造，纯粹的形式、单纯的思想也需要通过物质的显现得以继续，所以人也需要一个外在的世界。”（《威廉·冯·洪堡》，第1卷，第235页）相隔几行，他继续道：人应该努力，“尽可能多地去了解世界，并尽力将世界与自己紧密相连”（《威廉·冯·洪堡》，第1卷，第235页）。在另一处，洪堡又提到了“自我和世界的联系”（《威廉·冯·洪堡》，第1卷，第236页）。他有时也会根据费希特的“非我（Nicht-Ich）”把这个“世界”称为“非人（NichtMensch）”（《威廉·冯·洪堡》，第1卷，第235页），从而阐明了“异化”的整个过程（《威廉·冯·洪堡》，第1卷，第237页），也就是人面对根本的异变与另外一个自我进行碰撞。

人应该认识和掌握世界的哪些部分？这个问题很难解释清楚，尽管洪堡知道，如果不加以解释，对世界的认识迟早会被认为是“流于偶然”（《威廉·冯·洪堡》，第1卷，第234页）。1797年，洪堡在同样是不完整的《论人性的精神》（*Über den Geist der Menschheit*）一文中研究了这个问题。在文中，他也只将“教育”称作一种“未知的东西”（《威廉·冯·洪堡》，第1卷，第509页），或者同样模糊地将其称为“人性的精神”（《威廉·冯·洪堡》，第1卷，第514页）。由于洪堡在这个时期主要从事艺术理论研究（见第三章），因而他不时地将“教育”与艺术进行比较。因为艺术也同样地依赖于捉摸和感受、而不是解释。

无论如何，在上述论文中，洪堡仍然尝试在理论上进一步阐明这个未知的概念。按照洪堡的说法，“教育”绝非“机械的”，绝非“给人工具以供使用或娱乐”（《威廉·冯·洪堡》，第1卷，第509,511页）。教育所追求的“完美没有止境”（《威廉·冯·洪堡》，第1卷，第512页），它不存在于人的外表、也不会将人打造得千篇一律，而是“唤醒其灵魂中的生命力量”（《威廉·冯·洪堡》，第1卷，第513页），这样人就能找到属于他的个性。

正如我们所见，洪堡并非想要确定教育的内容。他没有罗列出一张目录，来规定一个受过教育的人必须具备的知识范畴。洪堡提到的教育的几个方面，都有关教育的形式，因此，相对于实质教育理论，洪堡的教育理论思想属于形式教育理论的范畴。之后，在涉及办学方针政策时，他还将重新研究教育过程中的形式问题（见第五章）。

那么，“为什么”要进行教育？对此，洪堡提出了一个令人意外却又令人折服的观点。

为了理解这个观点，需再次回忆法国大革命。对于当时的人而言，在这一历史时刻天下大乱。无论如何，革命者将受命于天的君王（上帝的恩赐！）和他的妻子送上了断头台。最底层的人爬到了天上，而最高层的人落到了地上。在这种情况下，许多人开始强烈地向往规矩和秩序。的确，法国大革命之后的一些重大的思想活动，都在迫切寻找新的立足点和道路指向。例如浪漫主义者，他们在中世纪前现代社会（？）的封闭圈子里和天主教堂的怀抱中寻找温暖和依靠。

通过组织机构的形式来解决问题，这无法让洪堡信服。一个看似坚固的机构的不稳定性——就像法兰西王国一样，就能说明这一点。洪堡从中得出结论："当外部的所有事物都在动摇的时候，只有在我们的心灵深处还会敞开一个较为安全的庇护所。自从在地球上最重要、最文明的一块地方，所有的关系发生了一个真正的逆转之后，其他地方还能保留多少文明，就会成为问题。"（《威廉·冯·洪堡》，第1卷，第506页）这种"对比和评价所有事物的立足点"（《威廉·冯·洪堡》，第1卷，第511页），或者——在文章的另一处——"首要和绝对的标准"（《威廉·冯·洪堡》，第1卷，第506页），在一个没有导向的时代给予依靠，被洪堡称作为"教育"。如果周围的世界都陷入动荡，人们似乎只能"在自身发现它"（《威廉·冯·洪堡》，第1卷，第507页）。洪堡说，人需要教育，以便能够在这个处于变革且不再可靠的现代世界，找到头绪。

上述教育的自我性意味着教育要转向自我的内心世界。然而，这与上文提到过的进行自我教育的人必须"尽可能多地去了解世界"这一要求相矛盾。教育作为被寻求的标准，显然不能仅仅从每个人身上寻找，否则它就具有主观性和任意性。另一方面，这个标准也不能仅仅从外部世界中找寻——

这个世界目前处于废墟之中，并且瞬息万变。另外，洪堡写道，如果人将自己完全交给外部世界，他就可能迷失，他内在的自由和个性可能不复存在。

洪堡选择脱离这一困境的出路是：教育产生于人和外部世界之间不断的辩证交流之中，而这种交流同时改变了交流参与的双方。人应当学习这个“世界”，同时也要为世界“打上精神的烙印”（《威廉·冯·洪堡》，第1卷，第512页），使这“两者”，人和外部世界，“彼此越来越相似”（《威廉·冯·洪堡》，第1卷，第237页）。洪堡提到了作为这一过程两极的人的“接受性和他的能动性”“之间的交互作用”（《威廉·冯·洪堡》，第1卷，第237页）。个人可以在那些“伟大的、在我们的时代堪称楷模的人身上”（《威廉·冯·洪堡》，第1卷，第512页）以及他们的作品中获得启示——这或许可以解读为洪堡在教育内容方面所作的唯一描述，因为“伟人在他的作品中也会留下他人格的印记”（《威廉·冯·洪堡》，第1卷，第513页）。“他环视四周，挑选出那些最好的和最高级别的、代表完美人性的个体。”（《威廉·冯·洪堡》，第1卷，第509页）尤其是在古典和现代艺术家的活动中，洪堡看到了典型的“教育”，这是人和世界的交流过程并赋予人以真正的个性。

对洪堡教育思想的评论

尽管洪堡的教育思想今天仍得到广泛认可，人们也必须看到其存在的缺陷。洪堡一直认为，“教育”发生于与他人的交流过程中。对他而言，教育属于个人，个人是在和物质世界打交道的过程中教育自己。自我教育的人，通过伟大人物的伟大作品间接地接触和他同类的人。而民族或者国家这些超越个人的概念，在洪堡晚期的语言学著作中才处于中心地位。借助于语言的社会特性，洪堡才在其教育思想中扩展了集体互动的思想（见第八章）。然而，在他致力于研究教育理论的时期，他正完全处于对希腊人的狂热之中（见第三章）。因为只有将自己完全沉浸在希腊的艺术和哲学遗产之中，个人才能接近希腊早已逝去的光辉。这是一个孤寂的过程，正如洪堡所反复经历的。

这也导致了洪堡教育思想的第二个缺陷。在他的认识里，不存在通过（身体的）劳作来认知世界的人。希腊人就认为体力劳动微不足道而将其留给奴隶。教育（paideia）在希腊人看来，也是悠闲和无目的行为的结果。

不同于英国和法国，这一时期在德国尽管存在教育阶层，但不存在强大的产业和经济阶层以支撑一个与劳动相关的教育理念。因而，1800 年前后有很多学者参与、以洪堡为代表的一场关于教育的讨论就发展成为一种自我完善，它远离无聊的日常生活、并用美学来对抗现代社会带来的烦乱。在精神史上，教育概念的凸显圆满地完成了向新人文主义的过渡。而后者也是一种德语现象。的确，像“文化”和“文明”这些概念，在其他语言中近似地表达了德语中的教育概念，但它们与“教育”不是近义词，德语的“教育”无法翻译。

参考文献

百纳，D.（1995）：威廉 · 冯 · 洪堡的教育理论。对新时期教育改革论证关系的问题性历史性研究。魏茵海姆，慕尼黑：尤文塔出版社。
博伦拜克，G.（1996）：教育与文化。一部德国解释模式的辉煌与苦难。莱茵河畔的法兰克福：苏尔卡姆出版社。

第五章　学校和学校改革

1809年，洪堡接受委托重新组织普鲁士的教育事务。他在短期内开展的活动使他今天成为了19世纪最重要的教育改革家。洪堡设计了一种服务于普通教育理念的学校体系。尽管有许多方面未能实现，但这个方案作为标准和理念超越了普鲁士改革时代而保持着旺盛的生命活力。

1808年10月14日，洪堡离开了不朽之城罗马。儿子与他同行，妻子和女儿没有随行。此前发生了一些翻天覆地的大事：1803年，在拿破仑发起的领土重划行动中，大量的德意志小国从地图上消失；1806年，弗兰茨二世摘下了皇冠，德意志神圣罗马帝国不复存在；同年10月，普鲁士在耶拿－奥厄施泰特的战役中战败，其领土根据《提尔西特和约》（*Friedensschluss von Tilsit*；1807年7月9日）缩减了一半以上、并被拿破仑的军队占领；普鲁士君主弗里德里希·威廉三世逃到了偏远的、唯一未被占领的东普鲁士；1808年教皇国被法国军队占领；洪堡在特格尔（Tegel）的庄园被洗劫一空。世界历史事件和私人事务交互混杂：旧的欧洲秩序正在瓦解，一个新的由拿破仑建立的秩序正在产生，而洪堡赖以生存的经济基础濒临丧失。

尚未踏上德意志的土地，洪堡就被转告——他在临终前以第三人称撰写的自传体随笔《自传片断》（*Bruchstück einer Selbstbiographie*）中写道："威廉·冯·洪堡一回到他的祖国，文化和教育事务就委托给他管理。该部门隶属于目前不再担任公职的多拿伯爵（Graf von Dohna）负责的政府部门，其与洪堡长年保持着友好的关系。"（《威廉·冯·洪堡》，第5卷，第13页）洪堡出任这个职位的过程比较奇特。当时，他并非引人注目的学校问题专家，也从未到访过任何一所学校。所以，要成为一个教育政策和教育改革工作的实践者，作为教育哲学家的洪堡并没有具备良好的条件。

普鲁士危机和重生

普鲁士在对法战争失败后无力回天的崩溃，至少使那些贵族精英中的有识之士意识到，如果想重登欧洲舞台发挥作用，必须有所变革。因此，1807年9月30日，自1804年任税务及商务大臣的帝国男爵卡尔·冯·施泰因（Karl vom und zum Stein）被任命为首相，并被国王委以实施改革的重任。虽然，其他德意志国家也有类似的改革创议，然而，普鲁士人起到了先锋作用。

行政机构被彻底重组。1808年11月实施了部门专属原则（分为内务、司法、金融、外事、战争）。此外，还有一个分级的、按地区组织的行政系统作为下层建筑。城市恢复了在专制主义时期失去的自我管理权。司法和行政分离，税务简化，建立了透明的国家财政。1810年还成立了一个由王室的王子、各大臣和他们的部门负责人所组成的国务委员会来决策所有重要的立法事项。

尤其重要的是，改革加速了僵化的封建社会结构的瓦解。决定一个人人生发展的，不再是其出身，而仅取决于他个人的能力。1807 年 10 月颁布的关于农民解放的谕令就是这场变革的前奏。这道谕令，给予了几乎没有自由的广大农民以完全的人身自由：人们可以自由选择职业和居住地；婚配无须经过地主的同意；而地主可以自由出售地产；市民可以拥有土地。这项措施连同取消强迫加入行会制以及 1810 年至 1811 年间实施的职业自由制度，共同促进了资本主义的发展。1812 年 3 月颁布的犹太人解放法也意义重大，这项法律赋予了犹太人国家公民的权利，只是仍然禁止他们担任较高的军职和公职。此外，1813 年至 1814 年间的兵役改革也具有深远的影响，它用普遍义务兵役制代替了不公、低效的征兵制。

其中，教育改革更是举足轻重。要增强公民的自我责任感、并使其关心国家的前途命运，这些无法通过疲垮的学校来实现。

教育管理部门的建立

经过短暂的犹豫，洪堡接受了国王根据施泰因的建议而对他的委任。1809 年 2 月 20 日，他被任命为普鲁士国务枢密顾问。他和同事们果敢地投入工作，为改革和重建萧条的普鲁士王国、改善社会状况，贡献自己的力量。然而，1809 年的大部分时间，他都不在柏林，而是一直居住在柯尼斯堡（Königsberg）。

首先，应建立一个高效的学校管理系统。为此，1808 年，中小学以及高等教学管理从司法部分离出来，并在内务部建立了上述文化教育署。该署分为两个处：一个负责公共教育，由洪堡亲自领导；另一个负责文化事务，由乔治·海因里希·路德维希·尼科洛维斯（Georg Heinrich Ludwig Nicolovius）负责。学校应从教会的监护下解放出来，这正是重新规划部门的意义所在。同时，这也是公民自由主义思想的古老要求。后来，医药事业也被划归洪堡负责。1810 年，计划建立一个所谓的科学代表团，其任务，正如洪堡在 1809 年秋季的《有关教育署科学代表团的指导性意见》（*Ideen zu einer Instruktion für die wissenschaftliche Deputation bei der Sektion des öffentlichen Unterrichts*）一文中所言，是分担该署的“那些需要较为自由的科学氛围、无法在现行纷繁的事务中蓬勃发展的工作”（《威廉·冯·洪堡》，第 4 卷，第 201 页）。这是对改革工作做科学的指导。科学代表团最著名的成员是作为主席的柏林牧师弗里德里希·施莱尔马赫（Friedrich Schleiermacher），然后是洪堡早期的交谈伙伴、古典语文学家沃尔夫，以及康德在柯尼斯堡教席的接班人约翰·弗里德里希·赫尔巴特（Johann Friedrich Herbart）。

1808 年 12 月，在文化教育署以下，各省政府建立了文化和公共教学代表团来监督学校事务、推进区域性的学校规划。1810 年 6 月 22 日，洪堡向时任首相的卡尔·奥古斯特·冯·哈登伯格（Karl August von Hardenberg）递交了题为《论教育改革》（*Über Reformen im Unterrichtswesen*）的部门报告，报告称，改善学校事业的计划“在几个省份……已经实施”（《威廉·冯·洪堡》，第 4 卷，第 297 页），可见这个机制运作良好。然而，直到 1811 年洪堡离开该部门，作为整个系统的最后一级，在基层乡镇才建立起市级学校代表团。而国家通用法律（ALR）颁布后，乡镇成为了真正的学校运营者。这个代表团更应该“是一个给予灵感的，而不是发布命令的（机构）”（《威廉·冯·洪堡》，第4卷，第122页），1809年夏天洪堡在一份意见书《论市级学校机构》（*Über städtische Schulbehörden*）中写道。

学校改革的原则

1809年9月27日的《柯尼斯堡和立陶宛学校计划》（*Königsberger und Litauische Schulplan*）以及同年12月1日的《文化教育署递呈国王的报告》（*Bericht der Sektion des Kultus und Unterrichts an den König*）是洪堡关于学校改革的重要文献。因为是根据东普鲁士的情况而设置的，这份计划一方面考虑到了（地区）特点，但是另一方面也作了原则性的和教育理论方面的陈述。而部门报告则勾勒出了洪堡的政治意愿。

洪堡在文化教育署的报告中，简要介绍了该部门的工作意图：“它从整个国家层面来设计普遍的学校计划”（《威廉·冯·洪堡》，第4卷，第217页）。洪堡所构想的学校，平等地面向所有青少年，而不看其出身——就像学校计划中说的，“它关心的”“不是某一个社会阶层，也不是某一个行业”（《威廉·冯·洪堡》，第4卷，第188页），因而，这样的学校是进行“普通的人的教育”的学校。另外，它让年轻人学会“对所有阶层都必不可少的东西”（《威廉·冯·洪堡》，第4卷，第217页），因为，就像报告所阐述的，“绝对”存在“某些知识，它们一定是人们普遍共知的，同时还应该存在一种对思想态度和性格的教育，这种教育人人不可或缺”（《威廉·冯·洪堡》，第4卷，第218页）。从所传授的内容来看，洪堡的学校是一种进行“普通教育”的学校。

这种学校必须与所有其他传授特殊和专业知识，比如职业应用知识的学校加以区分。专门学校应在接受普通教育之后就读。因为，正如学校计划中所言：“生活和行业所需知识和技能必须分别开来、在经过完整的普通教育之后再去获取。如果把两者混淆，教育便不再纯粹，这样我们既不会得到完满的人，也不会得到某一个阶层的完满的公民”（《威廉·冯·洪堡》，第4卷，第188页）。如果说洪堡颇具启蒙思想的家庭教师坎珀，在一篇当时广为传阅的文章中要求“为每个人的实用性牺牲其完美性”，现在洪堡的看法则恰恰相反。另外，洪堡认为，如果青少年具有一个牢固的普通教育基础，那么他“以后就非常容易获得职业所需要的特殊能力，并且一直能自由地从一种职业转向另外一种，就像生活中经常发生的那样”（《威廉·冯·洪堡》，第4卷，第218页）。如果情况反过来，则会比较困难，因为“如果人们……从特殊的职业开始学习，这样就会使他（年轻人——作者注）片面，他永远不会获得必要的灵活性和自由，以便在职业中不只是机械模仿别人在他面前所做的事情，而是能够自我发展和自我完善”（《威廉·冯·洪堡》，第4卷，第218页）。姑且不论，正如经验所示，“孩子和年轻人往往在很晚才会确定将来的职业”（《威廉·冯·洪堡》，第4卷，第218页）。因而，洪堡为他的部门制定计划：“教育署，在它能力所及的范围内，在普通教学之后开设……专门学校，并谨防职业教育和普通教育混为一谈。”（《威廉·冯·洪堡》，第4卷，第219页）

从1809年间不同的意见书中可以获知，洪堡的思想不仅停留在纸面上，而且实施于日常公务中。当时，洪堡为军事专科学校撰写意见书，这些学校招收12岁以上、寻求陆军军职的男孩。洪堡在他的意见书《论军校》（*Über Kadettenhäuser*）中，批评了这种学校的混合性，因“其中的教育不可避免具有单一性”（《威廉·冯·洪堡》，第4卷，第90页），洪堡要求解散学校。年轻人在开始军事教育之前，更应该去上高级中学。当西里西亚（Schlesien）为年轻贵族所设置的一所等级学校准备转变成一所农业专科学校时，洪堡虽然勉强同意，但在他的意见书《论莱格尼茨的骑士学校》（*Über die Liegnitzer Ritterakademie*）中坚持，“骑士学校应该同时是普通教学和农业教学机构”（《威廉·冯·洪堡》，第4卷，第142页），课程必须“和高级中学的课程一样”（《威廉·冯·洪堡》，第4卷，第145页）。

洪堡提到应设立“分级不同的学校”（《威廉·冯·洪堡》，第4卷，第217页），但并非仅指上述从普通学校再到职业学校这一顺序。洪堡认为，普通学校本身也要划分层级。更准确地说：洪堡的学校像是国民统一学校，在学校里所有的青少年“按级”进步，“每个人接受的教育程度”，应该“仅取决于他在学校投入的时间和他所能够达到的年级”（《威廉·冯·洪堡》，第4卷，第219页）。

小学

能力迥异的小学、卫戍部队学校、贫民学校、落后的边远地区学校、书写学校或工业学校构成了当时学校的乱象。

多数学校由私人运营，很少有官方许可，也几乎没有监管，就算有，最多也就由当地牧师负责。在乡村，学校往往完全缺失，最多能有一半孩子上学。总之，初级学校事务处于一个“无人监管的状态”（洪堡）。那些敷衍塞责的意图改变现状的尝试，则毫无成效可言。

在洪堡统一学校的构想中，首先是让中学放弃他们的预备班。这项职能由小学来承担。洪堡很清楚，如果不这样做，新建的小学又只会是穷人孩子的学校，“很快就会被看作是言辞上带有轻蔑色彩的国民学校”（《威廉·冯·洪堡》，第4卷，第174页）。然后，还要改善课程的质量。

无论如何，借助1800年起被广泛接受的瑞士教育家约翰·亨利希·裴斯泰洛齐（Johann Heinrich Pestalozzi）的要素教学法，小学的课堂教学有了可靠的教学法基础。人们对此寄予厚望，哲学家费希特在他的《对德意志民族的讲话》（*Reden an die deutsche Nation*；1808）中，也极为推荐裴斯泰洛齐的教学法。在1809年2月和3月由洪堡负责的《文化教育署行政总结报告》（*Generalverwaltungsberichte[n] der Sektion für den Kultus und öffentlichen Unterricht*）的前两篇中，提到了“派两名年轻男士到伊弗东（Yverdon）的裴斯泰洛齐学院”（《威廉·冯·洪堡》，第4卷，第3页），在那里，老师将会亲自教授他们这个方法。在《1809年5月和6月部门行政总结报告》（*Generalverwaltungsbericht der Sektion Mai und Juni 1809*）中，这个数字已经增加到了12个（《威廉·冯·洪堡》，第4卷，第50页）。但是在国内，人们也想对这个教学法有所了解。因此，国王安排了对要素教学法专家、来自符腾堡（Württemberg）的教育家卡尔·奥古斯特·采勒（Karl August Zeller）的聘任。在柏林，普拉曼莎学院（das Plamannsche Institut）开始运作，用的就是裴斯泰洛齐的教学法。

洪堡上任后也支持裴斯泰洛齐的教学法（他的一些改革思想来源于他上任前的准备工作）。洪堡将他的儿子送到了普拉曼莎学院。起初，尽管洪堡批评这个学院的读音练习流于形式，但将细心的语言护养作为一切基础教育的出发点，他对裴斯泰洛齐的这一观点表示赞赏。洪堡认为这体现了发声说话的教育意义。在1809年12月的部门报告中，他用很多篇幅描述并高度赞扬了采勒为了应用并继续发展要素教育法，1809年9月在柯尼斯堡成立的样板学院。通过多次观摩，洪堡对采勒的工作采集了第一手资料。在部门报告中，他描述了孩子们是怎样借助基本的要素化方法，第一次学会了阅读和写作；怎样能够区分数字、数量和大小比例；怎样画画，怎样借助歌唱练声和辨音；怎样通过手工劳动、花园中的劳作和体育锻炼不再静坐不动；怎样让宗教开启道德教育；年长者怎样给年少者授课；孩子们怎样担任小职务等。

与老式学校不同，课堂的中心不再是那些无法理解也不被理解、和孩子的世界毫不相关而只能让他们死记硬背的教学内容。现在，主要是要求学生洞察原由、领悟重点、并掌握学习的主动权。这非常重要，因为，洪堡当然也意识到，大多数年轻人几乎只上了小学基础课程，之后便“直接投入到生活中去”（《威廉·冯·洪堡》，第4卷，第169页）。所以，他们需要掌握一些终生所需、以便继续学习的基本能力。这种新的方法最终应使——以计算为例——“学生有办法解决各种问题”“因为学生不是死记硬背地学习，而是获得了能力，以认清数字之间真正的关系”（《威廉·冯·洪堡》，第4卷，第224页）。

洪堡计划1810年送更多的督学员、乡村牧师和教师到柯尼斯堡，在采勒那里学习裴斯泰洛齐的授课方法。这些人将在国内推广他们新学的知识。洪堡相信，以这种方式可以培训1000名教师。而采勒学院的学生以后也应成为乡村教师，以便将曾经在他们身上使用过的教学方法，带到每一所乡村学校。洪堡正确地认识到，小学事业改革的基础是教师培养。为了为教师培养打下坚实的基础，应在普鲁士王国的所有省份，慢慢用传授裴斯泰洛齐教学法的研讨课，来代替那些试图通过观摩和模仿来勉强学习教学方法的旧式教员学校。

中学

在学校计划中，洪堡为“文法学校”（gelehrte Schulen）设立的目标是，“为科学认知和艺术实践锻炼必要的能力、获取必要的知识”（《威廉·冯·洪堡》，第4卷，第169页），而大多数学校都远远达不到这个目标。当时既有大量勉强能凑出几个年级的小规模拉丁语学校，五花八门的市政学校、市民学校、日常实用学校等，也有少数规模较大的高级中学，这些学校和高等学校（见第六章）艺术院系的教学内容有部分重叠。学校的营运主体也是多种多样，国家、私人、乡镇和教会都可以开办中学。要消除这种杂乱性，就意味着，首先必须将大部分学校提高到一个可以接受的水平。此外，为了明确中学与大学的界限，必须制定独立的、以培养学生普遍的学习能力为目标的高级中学教育任务。洪堡尝试用不同的方法来实现这个目标。

一方面，未来应有一个有约束力的教学大纲。然而，洪堡并没有提到细节，而只限于确立基本方针。在确定教育内容，即确定教育的物质层面时，洪堡感到非常困难，对此我们已经知晓（见第四章）。所以，他在学校计划中主要提出了中学教学的三个核心内容：它们是“语言学的、历史的和数学的”（《威廉·冯·洪堡》，第4卷，第170页），并且认为第一项特别重要。毕竟，正是语言——正如洪堡后来在语言学论文中所阐述的（见第八章），使人们能够认知世界而使教育成为可能。

语言课程的首要目标，不应是教授实际的外语能力，就像在旧式的文法学校里学习希腊语那样，以便未来的神学家能够阅读《圣经·新约》。这应该算是职业准备，而不是普通教育。由此，洪堡从另外一个角度强调，“即使人们忘掉了语言本身”，他的学习“对其智力的磨砺、对评判的检验和对普遍观点的获取也都有益终生并值得珍惜”（《威廉·冯·洪堡》，第4卷，第220页）。洪堡将其教育理论思想中为人熟知的形式方面的观点，现在用到了语言学习上。在他1809年7月8日《关于组织高级考试委员会的意见书》（*Gutachten über die Organisation der Ober-Examinations-Kommission*）中，洪堡用“快速领会”“机智敏捷”等表达来描写“智力的形式”（《威廉·冯·洪堡》，第4卷，第82,85页）。智力形式——尤其是其中的一个元素“语言技能”——都可以通过学习语言来传授。但是哪种语言能够最好地锻炼这种形式？尚在使用的外语都不在考虑之列，因为人们可能又会过多地想到它们的实用性。但可以是母语吗？在学校计划中，洪堡排除了这种可能性。形式学习“使用一种已经消亡的、其陌生程度本身已让人万分惊讶的语言，较之正在使用的母语为好”（《威廉·冯·洪堡》，第4卷，第176页）。当时拉丁语在中学占主导地位，洪堡希望压制这种现象，而将希腊语列入教学计划，其原因几乎无需解释（见第三章）。而在新人文高级中学，必须学习这两种古老的语言。希伯来语为选修科目。

洪堡认为，数学的作用是训练智力，即“为纯粹的科学作前期的头脑训练”（《威廉·冯·洪堡》，第4卷，第261页），而不是为学习自然科学或者技术类教学内容打下基础，这些在洪堡的教育计划中不占一席之地。取而代之的是，他重视体操课和音乐美学课。

尽管学生可以选择学习的重点，但他们不能完全忽视某一种学习内容，否则，就破坏了洪堡教育思想的一个重要原则，即对所有的力量进行和谐的培养。因而，他在学校计划中也写道：“学习希腊语……对木匠并非无用，就像学会做桌子对学者也有益”（《威廉·冯·洪堡》，第4卷，第189页）。这句话非常著名，迄今仍不断有人引用，当然，不能按照字面来理解这句话。

正如小学教师的培养，中学教师的培养也必须建立在新的基础之上。而迄今为止的中学教师，都是从等候牧师职位的神学研究者中招募的。由于他们将学校教学看作是临时过渡，所以，都希望能够尽快离开。天主教学校同样是由神职人员任教，他们是学校修会的成员，而且经常是耶稣会会士。从18世纪末初露端倪，当时正在逐步形成一个独立的中学教师阶层，洪堡对此全力支持。高级中学不需要神学者，而是在洪堡所提及的专业领域内有渊博知识的教师。教育青少年的不应该是神学者，而应是语文学者，因为他们代表了体现普遍教育理念的那些学科。为了加速形成这一新兴阶层，洪堡使用了一个他在其他情况下也会使用的手段来实施他的改革计划：建立现代的考试制度（见后文）。

最后，洪堡通过有针对性地资助某些筛选出来的学校、并使其成为样板学校，来促进学校事业的发展。而文化教育署的工作人员则反复地“巡视”这些学校。另外，还有针对性地分配给学校一些管理职位，因为洪堡认为，学校领导是学校发展的推动力，他要赋予他们尽可能多的自主权：“发展学校的一个有力的手段是，在所有的跟课程和学科相关的事物上，给予校长最大可能的自由，使其在其职能范围内有很大的权威”（《威廉·冯·洪堡》，第4卷，第125页）。

考试

当时，在学校事务中人们几乎不知道还有考试这回事。洪堡认为，只有通过不断的外部检查，才能促使学校教育水平持续不断地提高。

学习成绩的考试只针对中学生。每一个想进入中学学习的学生都必须经过一次入学考试。在高级中学，从一个年级进入到更高的年级也要通过考试。而特别重要的，是加强了高级中学毕业考试，并由此来确定和保障洪堡所追求的普遍的学习能力。第一个高级中学毕业考试规则在1788年就已经公布，但不是很有效，因为它只针对那些想要获得奖学金的年轻人。因此，在1809年8月的《文化教育署行政总结报告》（*Generalverwaltungsbericht der Sektion*）中洪堡提道：“我们学校事业最大的缺陷之一，是针对从中学进入到大学的年轻人的考试不够严格。”（《威廉·冯·洪堡》，第4卷，第136

页）现在，洪堡计划，使这项高级中学毕业考试规则适用于所有的大学申请者。如果不能通过学校的毕业考试，说明不适合大学学习，将来就不能上大学。在读大学这个问题上，个人能力取代了等级特权。按照洪堡的想法，谁能够成功地学完高级中学的课程，并学会独立地去获取知识，谁就适合上大学。“如果学生通过跟从别人学习而学会了为自己而学，那么学生便成熟了。”（《威廉 · 冯 · 洪堡》，第 4 卷，第 170 页）

教师也应尽量通过一个能力测试以后再进入课堂。学校计划中写道：“如果没有经过教会和学校代表团的考试，就不能进入学校从教”（《威廉 · 冯 · 洪堡》，第 4 卷，第 185 页）——这同时适用于小学和中学。以这种方式，洪堡希望能够“防止一般的和差的老师进入学校，在其位置上……安放好的老师”（《威廉 · 冯 · 洪堡》，第 4 卷，第 228 页）。谁想在同一所学校里得到报酬更好的位置，必须先在一个委员会面前证明他的能力。此外，这些考试也应该对那些教师职位申请者本身有利。洪堡想使他们较少地依赖于市政府和资助人，因为这些人常常忽略成绩标准，任意决定教师聘任。职业资格考试应该首先在中学教师中施行。根据洪堡 1810 年 4 月 11 日《关于中学课程考试》（*Über Prüfungen für das höhere Schulfach*）（《威廉 · 冯 · 洪堡》，第 4 卷，第 241 页）这份意见书，所有未来的高级中学教师，在申请一个职位之前，都应该毫无例外地参加考试。只有私立学校教师、家庭教师和那些获得博士学位的教师才允许有例外。教师候选人可以自己决定，参加所有的考试还是选择其中某些课程。这份意见书也提到了候选人要进行“试讲”。

最后，也必须对学校本身的工作进行检验。这要从最基本的开始："所有不合格的学校都应该停止运行"，洪堡在学校计划中写道，"现在必须立刻组织巡视，对迄今为止发挥作用的学校，正式给予许可，其余的则予以取缔"（《威廉·冯·洪堡》，第4卷，第185页）。上文提到的中小学乱象，最终通过这种行政方式予以清理。同时，未来的高级中学也应该接受检查。这里所采用的杠杆就是高级中学毕业考试。1809年8月的《部门行政总结报告》(*Generalverwaltungsbericht der Sektion*）抱怨道，"文法学校的头衔和通向大学的权利授予了学校，然而，仅仅出于其贫乏的资源，它们都没有能力提出这样的要求"（《威廉·冯·洪堡》，第4卷，第136页）。应该改变这种情况。未来"文化教育署的一个主要任务是……进行更为严格的考试和减少文法学校的数量"（《威廉·冯·洪堡》，第4卷，第136页）。只有最有能力的中学才能成为高级中学并举办毕业考试。一所来自东普鲁士安格尔堡的中学，经过对其课程的详细评定，被取消了"文法学校的称号"（《威廉·冯·洪堡》，第4卷，第136页），结果，这所学校不能称自己为高级中学，也不允许再举行高级中学毕业考试（《威廉·冯·洪堡》，第4卷，第229页）。而这只是开始，很多中学将步其后尘。1810年成立的科学代表团，和最初确立的宽泛任务相反，完全致力于制定考试规则，因而，1816年它自然而然地转变成了一个科学考试委员会。

成功还是失败？

如果改革者意在改革国家和加速改建等级社会，那么这场改革还存在许多不彻底的地方：城市的自主管理权没能扩展到乡镇；由于必须向以前的地主交付足以使他们倾家荡产的赔偿金，只有极少数农民成为了自己土地的主人；犹太人解放没有延伸到1813年收复的波兰地区，尽管恰恰在那里生活着很多犹太人；虽然1810年10月成立了国务委员会，但它没有成为施泰因所计划的决策机构，而只是一个咨询机构，在1817年之前甚至都没有开过会。而很多事情都还没有做。比如，一部能给予公民更多参与权的、合乎时代潮流的宪法，尽管国王对此作过承诺，最终还是没有形成（见第七章）。如果不是冯·施泰因男爵1808年11月迫于拿破仑的压力离职，也许会取得更多的成效。他的离职，那些要求结束改革的贵族求之不得。当战事朝着有利于普鲁士的方向扭转，当普鲁士寻求和俄罗斯以及奥地利这些保守力量建立政治同盟之后，国内的改革热情就完全消退了。

在改革倒退时期，教育改革也在走下坡路。以洪堡的同事约翰·威廉·苏维尔（Johann Wilhelm Süvern）1819年呈交的法律草案为例，就能看出当时飞速变化的形势。他试图重申洪堡的改革要点，其中主要是统一的学校思想和横向的学校分级，但没有被接受。洪堡所秉持的普通教育的理念，也是苏维尔草案的基本思想，现在遭到断然拒绝。等级教育再次流行。垂直分级的学校取代了横向分级的学校。

计划只实施了一少部分，对此洪堡自己也负有责任。因为他总是准备退让。从一开始就按照父母的经济状况对孩子进行区别，洪堡允许这种状况存在。在小学方面，洪堡同意，不是一个地方的所有孩子都必须上同一所学校。他自我安慰说，“没有一个社会阶层……缺少和其教育相对应的学校”（《威廉·冯·洪堡》，第4卷，第219页）。他认为，他关于现代高级中学的设想不能在每个地方都得到实现，因而同意，“如果在小城市没有一直通往大学的文法中学，可以有一些机构，开设文法中学的一部分课程”（《威廉·冯·洪堡》，第4卷，第219页）。这种预备性高级中学、而不是完全的高级中学，在很多地方成为了常态。另外，洪堡的快速离职也表明，对于他而言，自己的心理状态比改革的意愿更为重要。洪堡在制定新的高级中学毕业考试规则期间，就表达了放弃文化教育署负责人职务的愿望，因此，这项规则于1812年才由洪堡的接班人，保守主义者卡斯帕·弗里德里希·冯·舒可曼（Kaspar Friedrich von Schuckmann）实施。舒可曼只为那些将来想要做公职人员的学生颁发“高级中学毕业证书”。

除此之外，洪堡在某些方面判断失误。比如，国家一旦获得强权地位，就不会再放弃。因而，不同于洪堡的想法，国家将持续地在教育事业中扮演角色。众所周知，洪堡在1792年的《试论国家的权限》一文中断定，“公共教育”必须“完全游离于国家的权限之外”（《威廉·冯·洪堡》，第1卷，第109页）。洪堡1809年在《论犹太人新宪法草案》（*Über den Entwurf zu einer neuen Konstitution für die Juden*）的几处短评中写到，国家“只须力求消极地发挥作用”（《威廉·冯·洪堡》，第4卷，第98页），他原则上坚持这一观点。比如，那种管理上的错误观点，即只有先把犹太人教育成为好的公民，然后才能保证他们完全的法律平等，他认为恰恰产生于“一个国家处处都发挥积极作用的系统”之中（《威廉·冯·洪堡》，第4卷，第103页）。但是，在教育问题上，洪堡现在准备允许例外存在。由于社会（“民族”）还无法承担教育任务，国家就必须负责其未来国家公民的教育问题。当然，这应该是暂时的。在改革的最后，当“文化教育署达到了目标”“它就（必须）把教育事务全部交到民众手中”（《威廉·冯·洪堡》，第4卷，第47页）。在这里，洪堡有可能想到了他早期阅读过的波尔克的论述，波尔克称英国为榜样，因为在英国，国家完全从学校事业中抽出身来（的确，学校在1870年的教育法案之后才成为了国家事务）。然而，在普鲁士，学校最终成为了“国家行为”，而且，这一表述就出自通用法。因而，在形式上它早就已经是国家行为了。

那么，客观地来看，洪堡短暂的公务生涯取得了什么成果？在小学方面，改革终于提上了政治日程，这是洪堡的贡献。尽管由于担心成效而放弃了裴斯泰洛齐的要素教学法；尽管那些围绕《圣经》、基督教义问答手册和少量实用知识进行通俗教育的旧标准重新流行。但是，人们仍然继续寻找合适的教学方法，建立了大量的学校并给与合理的配置，义务教育在很大程度上得以贯彻，文盲率迅速下降。19世纪中叶，当时在普鲁士被称为公立学校的小学，达到了一个在国际上令人尊重的水平。尤其是由洪堡发起建立的许多成效良好的师范学校，对此贡献卓著，尽管这些师范学校——正如公立学校——是教会组织的，这与洪堡的本意相悖。渐渐地，公立学校教师入职，也须经过考试，而不是无规则、随意地录用。这种自信的、专业化的公立教师阶层的建立，要追溯到洪堡履行公职的时期。

虽然主要由苏维尔来完成那些洪堡未竟的工作，但是至少在外在形式上，高级中学还是沿着洪堡的足迹继续发展。洪堡所描绘的中学教师入职考试，最后由苏维尔成文，并在1810年7月12日由国王颁布谕令得以实施：对教师进行入职考试（das examen pro facultate docendi），从此高级中学教师成为了一种新的职业阶层。苏维尔在 1812 年至 1813 年间通过不同的指令，也成功地确立了未来人文高级中学的基本方针，其中主要涉及教学计划和学科结构。所有大学性质的教学内容从大纲中删除。虽然直至 1834 年（第三项高级中学毕业考试规定），都不一定非要通过高级中学毕业考试才能上大学，但是，未来的大学生至少必须参加这项考试。虽然直到 1837 年，才制定了一项所有高级中学都必须遵循的教学计划，但重要的是，这些都维护了高级中学的统一并提升了学校的质量水平。洪堡所开创的，得以贯彻实施：所有想成为合法高级中学的学校必须证明，它们有足够数量的年级、能够提供所有的课程、只聘请经过考核的语文学家作为教师。那些无法达到要求的学校，以及没有拉丁语的市立中学、职业学校和实用中学将在接下来的几十年间成为初级中学。高级中学保留了自己的预科，这显然与洪堡的统一学校思想相悖。但是，除此之外，新的人文高级中学很长时间之内都保留了洪堡（和他的同事）工作时期所形成的结构，尽管它从未像洪堡规划的那样，成为普遍人性教育的学校。普鲁士的高级中学同时还是一种提升社会地位的学校，它向小市民出身的年轻人敞开了大门。

参考文献

门策，克莱门斯（1975）：威廉 · 洪堡的教育改革。汉诺威以及其他：赫尔曼 · 施罗德尔出版社。

第六章　柏林大学的建立

> 洪堡和柏林大学的建立关系尤为密切，因此，今天这所大学也以他的名字命名（柏林洪堡大学）。洪堡发展了大学的理念，使之完全不同于原先的那个老式机构。科学作为创造性的过程、研究与教学的统一、孤寂与自由，概括了洪堡的大学理念，至今广为人知。

虽然没有上过中、小学，但洪堡曾就读于两所大学。而且他在耶拿逗留期间，还和以前的母校保持了密切联系。尽管洪堡没有在大学谋职，而更喜欢作为一个自由自在的学者，但当他在普鲁士领导文化教育署、同时负责大学和科学院的工作时，经过观察，他了解了当时德国大学的状况。

1800 年前后德国大学的状况

17 世纪末以来，大多数高校已经衰落。只会对他人编写的书本一成不变地进行照本宣科的不合格的老师、过时的教学内容、不成熟的粗野的学生，这些都是当时德国大学的写照。大学早已丧失了促进科学进步的意义，甚至不能满足那个时代对于大学教育的要求，有些甚至比好的高级中学还要差。当时，专制国家在骑士学校培养学生，以满足对于合格专业人才的需求。研究只在新建立的科学院开展，比如按照哲学家莱布尼茨的计划，1700年在柏林也建立了一所科学院。教授如果想赚钱，就在大学之外开设补习学校。因而，当时很多人都主张废除大学，其中包括1798年接替沃尔纳管辖大学的普鲁士司法大臣冯·马修（von Massow）。大家认为，专科学校注重日显重要的实践性学科以及实用性职业教育，应该接过大学的任务。尤其是在法国，这些专科学校正准备取代那些老式大学。在德国也出现了一些专科学校。仅在柏林我们就发现：一所被称为医学外科学院的军医专科学校（1724）；一家矿业学院（1770）；一所动物医药学校（1790）；一所名叫“贝斯特韦斯特”的医生培训学校（1795）；一家建筑学校（1799）；一所军校（1804）；一所农业学院（1806）。此外，还有国王自然博物标本室，国王图书馆，不同的自然科学实验室，一家慈善医院，植物园，天文台和解剖博物馆。除了研究，这些设置还为教学服务。

当然也有支持大学的声音，支持者认为应该对大学进行彻底改革而不是将其废除。至少普鲁士还在哈勒（1694）和埃尔朗根（1743）成立了新的大学。在普鲁士之外的哥廷根（1737）也成立了一所现代大学。18世纪末，耶拿大学甚至作为一所古老而富有传统的大学显示出，大学这个机构能够变革。在上述的新型大学中，工作着那个时代的杰出学者，那里的研究能够与科学院抗衡。几乎所有洪堡以后为柏林大学所设计的，在这类大学中均已实现：教授们传授着他们自己的研究成果；教学和研究的自由得到保障；专业种类得到了丰富和拓展；古老的艺术学科有了本质的改变。这类大学证实；大学不必是一个在保守的神学家监督下、传授规定知识的地方，而是能够为创造新知识提供服务。

普鲁士的大学计划

在新人文主义的影响下，在普鲁士，那些支持哈勒、埃尔朗根和哥廷根这类大学的呼声占据了上风。专科学校这个方案被认为太过功利主义而遭否决。究其主要原因，是希望将大学作为一个进行基础性思考和有哲学深度的地方加以保留。当然，也可能是因为专科学校是法国的发明而遭到拒绝。此外，当时浪漫主义初始，人们可能重新重视传统。人们希望，继续发展大学，以期最后产生全新的气象。那么，新气象应该在哪里出现？柏林是不是正确的选择？人们是不是最好放弃“大学”这个名称？这些都处于争论之中。为了显而易见地与过往决裂，人们开始讨论一些别的名称以替代“大学”，比如“高等教学机构”。洪堡支持建立一所新型的改革派大学，但对地点的问题一直拿捏不定。有些人反对柏林，认为专注的科学研究需要清静之地，而柏林当时拥有17万居民，是欧洲最大的城市之一。

最终的决定和1806年至1807年间发生的事件有关。按照提尔西特和约，普鲁士丧失了部分领土，因而也失去了包括哈勒和埃尔朗根在内的大多数大学。普鲁士现在只有柯尼斯堡大学，已经非常衰落的、位于奥德河畔的法兰克福大学，以及布雷斯劳的准大学，这是一所1702年由哈布斯皇朝建立的（天主教）神学院。

所以，1807年9月4日，弗里德里希·威廉三世要求在柏林建立一所大学，并委托评估来澄清相关问题。评估专家主要包括费希特和施莱尔马赫，虽然他们在很多方面意见相左，但是却一致认为，大学不能浅显地推行职业教育，而要使学生密切接触科学而获得普遍的职业能力。由于法军撤离普鲁士行动迟缓以及普鲁士所要缴纳的占领税，新建大学的计划一开始毫无进展。这在洪堡参与普鲁士的教育管理和教育政策之后有所改变。

柏林大学的建立

我们通过洪堡的意见书、呈文、备忘录和提案等能够了解到，这位文化教育署负责人筹建大学的行动非常迅捷，并在极短的时间内圆满完成了任务。

1809 年 5 月 12 日到 14 日，洪堡撰写了第一份《创办柏林大学申请》（*Antrag auf Errichtung der Universität Berlin*）（《威廉 · 冯 · 洪堡》，第 4 卷，第 113 页）。申请中洪堡已经决定了新校所在地，并且采用了国王的意见：柏林是唯一的选择。这个建校计划意在确立普鲁士在科学和教育方面的德意志霸权地位，如果获得成功，那么只有在首都建立的大学才能跨越普鲁士而散发光芒、产生影响。洪堡在后来的表述中认为，这所计划中的大学“不应该仅仅只作为一所国家层面的大学”（《威廉 · 冯 · 洪堡》，第 2 卷，第 290 页）。政治关系一旦缓和下来，这所大学应该能够把整个欧洲的学生吸引到柏林。那些位于柯尼斯堡和法兰克福的古老大学，属于区域性大学，即使暂时不停办，也起不到柏林大学那样的作用。1809 年 7 月 24 日的第二份申请则进一步明确了新大学的突出地位。洪堡重申了以前文件中的相关观点，要把柏林大学建设成为聚集学生进行高层次教育的精英学校。在其他地方开始学业的人，应该被吸引而“选择来柏林完成更高级和最后的教育”（《威廉·冯·洪堡》，第4卷，第116页）。而另外一个倾向于在首都建立大学的依据是，柏林已有一家研究院和数量众多的科学机构（见上文），已形成学术氛围，便于大学的和谐融入。倘若在其他地方，则还需艰难地建设学术环境。与此相反，洪堡打算把布雷斯劳大学改建成高级中学，同时想在其他大学设置“天主教神学”教席。此外，洪堡现在同意以“大学”（Universität）命名筹建中的学校，用以表明，“任何科学都不（应）被排除在外”（《威廉·冯·洪堡》，第4卷，第31页）。

财务问题对洪堡也非常重要。新大学不应由国家来承担费用，其运行应由“校产”和“社会捐赠”（《威廉·冯·洪堡》，第4卷，第33页）来保障。洪堡认为，独立于国家起伏不定的财政状况以及让公民社会与作为其优秀产物的大学紧密相连，这种建构是新建大学的亮点。同时他也想到，把王室领地和教会财产的收入用于这所大学。事实上，当时那些老大学已经成为了君主恩惠的产物。洪堡想要改变这一状况并确保柏林大学在这方面免受国家的影响。

申请在同年8月16日得到了国王的批准。洪堡所要求的建筑（主体建筑是位于柏林市中心菩提树大街的海因里希王子皇宫）分配到位。国王的这份批文日后被称为大学的“捐赠证书”（马克思·莱茨）。无论如何，大学可以开始运作了。

1809年8月28日，洪堡就此撰写了几条《对柏林建校会议的一点肤浅建议》（*Unmaßgebliche Vorschläge zu der wegen Errichtung einer Universität in Berlin angesetzten Konferenz*）（《威

廉·冯·洪堡》，第4卷，第139页）。其中，他谈到了新大学与现有科学院和研究所的关系，也估算了进一步的财务需求，并对此提出了建议方案。这份文件是为洪堡本人也参加的大臣和高级官员会议而准备的。尽管肯定了洪堡在大学筹建中所起的关键性作用，但是绝大多数与会者无法接受他关于大学财务的计划。王室领地一切可能的权利决不允许受到影响，（天主）教会的财产也不容触动。洪堡的财务计划在坚持了一段时间之后，宣告失败。

同时，洪堡也开始为新大学招募学者。他最先着手的是他不太熟悉的医学领域。但是无论如何，他早在1809年6月18日的呈文《对医学事务的安排》（*Über die Organisation des Medizinalwesens*）（《威廉·冯·洪堡》，第4卷，第56页）中已经要求——他所在部门当时也负责医学事务，未来医生必须经过大学的学习，即便可能有特例存在——不应忽视医学院的建立，并将医学外科学院纳入其中。经过长时间谈判，洪堡在1810年2月为大学赢得了第一批医学教授：约翰·克里斯蒂安·赖尔（Johann Christian Reil）和医学外科学院的院长克里斯多夫·威廉·胡斐兰德（Christoph Wilhelm Hufeland）。为其他院系和专业招募合适的人选也在艰难的推进中。幸运的是，人们当时可以聘用曾经在哈勒任职的教授，他们由于拿破仑在1806年秋天解散了大学而来到柏林。在神学方面有施莱尔马赫（Schleiermacher），在法学方面有特奥多尔·施迈茨（Theodor Schmalz），在古代文化研究学方面有沃尔夫（Wolf）。法学院聘任了德国历史法的创始人弗里德里希·卡尔·冯·萨维（Friedrich Carl von Savigny）。在哲学院，洪堡招聘到了费希特，他（因被指责为无神论者）

被耶拿大学解聘，而后在埃尔朗根短暂停留，最后定居柏林。总的来说，按照计划，这所大学需要招聘不少于30位教授投入教学工作。与其他的德国大学相比，这所新建立的大学虽然不是实力最雄厚的，但是进入了第一阵营。

在1810年5月23日《给国王的总结报告》（*Generalbericht an den König*）中，洪堡汇报了当前所取得的成果：教授招聘进展良好，大量学生报名这所大学等。与此同时，洪堡也请求国王给予“更多的津贴补助”（《威廉·冯·洪堡》，第4卷，第295页），并申请为医学院建立教学医院（首先是内科和外科，之后还有产科和精神病科），当然首先是，要求允许继续招聘教授。最后洪堡允诺1810年9月29日大学正式成立。1810年5月30日该申请得到了国王的批准。

1810年6月3日，洪堡在自己的部门成立了大学建校委员会，其主要任务是按照之前的申请，继续招募教职人员。所有的委员会成员遍行德国、开展宣传工作，并与有关学者进行私下联系并提供职位邀请，其中一项主要工作是协商薪资水平。但是洪堡和他的说客们也并不是无往而不胜。比如1810年3月，著名的哥廷根数学家卡尔·弗里德里希·高斯（Karl Friedrich Gauß）就拒绝了洪堡两兄弟的极力邀请（但他却同意入选科学院）。其他的学术权威，比如哥廷根法学家古斯塔夫·胡果（Gustav Hugo）和图宾根的医学家卡尔·弗里德里希·基尔迈尔（Karl Friedrich Kielmeyer）也同样拒绝了邀请。德国其他大学其实并不欢迎筹建中的柏林大学这个新生力量，它们更多的是把它看成了竞争对手。通过招聘专业权威以确保大学的精英地位，这一雄心勃勃的目标因而无法实现。在有些情形下，不得不动用科学院、研究所以及博物馆的杰出成员，这样最终争取到了一些名人。为了造成课程内容丰富的印象，也会在所谓的“大学课程目录”中录入那些副教授和不拿薪水的编外讲师所提供的课程。在严格的大学等级制度下，他们的地位低于教席教授。

8月和9月确定了具体的办公细节，其中包括学期的划分、学费收取的规则、教授的服饰以及大学的印章。教室和教授办公室得以修缮。61名学生注册入学，按初始的情况这所新大学属于当时德国较小的学校（但一年之后已经达到400名学生，10年之后柏林大学拥有近1200名学生而成为德国最大的大学）。1810年10月10日，第一届大学评议会召开，法学家施迈茨(Schmalz)被(国王)任命为第一任校长。在10月，柏林大学的各个专业不经庆典低调地陆续开始了教学工作。另外，不同于洪堡的提议，1811年奥得河畔的法兰克福大学被关闭，而布莱斯劳则扩建成为一所综合性大学。

根据当时君主的名字命名为弗里德里希·威廉大学的柏林大学，有四个学院：哲学院，下设数学、地质学、化学、物理、动物学、植物学、地理学、农业学、林业学、由财政学演变而成的政治学、哲学、历史学、古文化研究学、编制外讲师负责的古东方学、副教授负责的德国语文学，还包括英语、西班牙语、法语和意大利语的教学(它们的语言教师地位较低，与骑术教师和剑术教师同属一级）以及教育学；此外，还有神学院、法学院和拥有许多正教授职位的医学院。一共有58位教职人员。

即便这所新大学和以往的大学设置相同、拥有四个学院，但是学院之间的关系却发生了变化。新设的哲学院现在与神学院、医学院和法学院这传统的三大学院地位相当。哲学院是由以前的艺术学院（教授七门自由艺术）发展而来的，以前的艺术学院是为最终的专业学习做准备而起到为其他学院服务的作用，而现在，哲学院则与其他学院平起平坐。自从新设的人文高级中学开始教授科学基础知识，所需的相关老师就由哲学院培养。哲学院由此成为了师范学院。

洪堡的大学思想

洪堡的功绩不仅在于他实际的组织安排工作。更在于，这位柏林大学的建立者汲取了所有著名改革大学所能给予的灵感、融合了他上任之初业已存在的主要思想，从而制定了具体的行动纲领。洪堡结合了不同地区的现实和计划，形成了一个以教育理论为基础的总规划。

洪堡写道，在读完高级中学之后，学生就转入到“一所专门学校或者进入市民生活”——或者开始大学学习（《威廉·冯·洪堡》，第 4 卷，第 175 页）。对于所有进入大学的人来说，在洪堡的普遍教育横向结构系统中，“大学学习”是和其他两个阶段有显著区别的最高阶段。因此，区别于（高级中学）的“中学教学”，洪堡阐明了“大学教学”的许多特点。在可能出版于 1810 年夏天、以残篇形式流传下来的呈文《论柏林高等科学机构的内外组织》（*Über die innere und äußere Organisation der höheren wissenschaftlichen Anstalten in Berlin*）一文中是这样记载的。除了柯尼斯堡的中学计划，这篇呈文也是记录洪堡大学思想的重要文献。

大学的目的，不是培养年轻人成为实用型人才，而仅是，“在最深刻和最广泛的意义上进行科学工作”“将客观的科学与主观的教育……结合起来”（《威廉·冯·洪堡》，第4卷，第255页）。这里，作为唯心主义哲学的拥趸，洪堡将科学称为“纯粹的思想”“还未完全解决的问题”（《威廉·冯·洪堡》，第4卷，第256页）或“还未完全找到的和永远不会完全找到的事物”（《威廉·冯·洪堡》，第4卷，第257页）。因为人们，不像在中、小学那样“仅仅学习已有的、公认的知识”（《威廉·冯·洪堡》，第4卷，第256页），“研究”才是真正的科学态度，而研究则必然要求“孤独和自由”，这是科学机构中“占支配地位的原则”（《威廉·冯·洪堡》，第4卷，第255页）。说到自由，在1809年春的《关于改变和简化审查机关规定的草案》（*Entwurf zu einer Verordnung, die Veränderung und Vereinfachung der Zensurbehörden betreffend*）一文中洪堡就已经要求，“如果在柏林成立一所大学，正教授和科学院成员一样享受免于审查的自由”（《威廉·冯·洪堡》，第4卷，第11页）。1810年，他重申，“在他们的工作范围内”（《威廉·冯·洪堡》，第4卷，第259页）必须给予教授自由。然而，这个愿望在新建的柏林大学未能实现。教授们必须将论著递交学院审核。

如果研究是大学学习的形式，那么这也影响着大学教师和学生之间的关系，那种可以称为等级关系的师生关系，实际上已经无法存在。在中、小学，教师指导学习、学生通过教师学习，而现在是：“前者不是为后者而存在，两者同时为科学而存在。”（《威廉·冯·洪堡》，第4卷，第256页）柯尼斯堡学校计划写道：“因此，大学的教师也不再是教师，学生也不再是学生，而是学生自己进行研究，教授引导学生研究，并提供支持。”（《威廉·冯·洪堡》，第4卷，第170页）

洪堡也非常贴切地将大学称为“教学的解放”（《威廉·冯·洪堡》，第4卷，第190页）。关于高级中学毕业考试他解释道，只要学生“有能力为自己学习”（《威廉·冯·洪堡》，第4卷，第170页），他就为普通教育的最后一个阶段做好了准备。因此，在洪堡构想的教育体系中，各个不同的要素前后相互切合。

研究型学习这种新认识对新大学的组织方式也产生了影响。“听课是次要的，重要的是，与志同道合的同龄人结成紧密的集体，并意识到，在同一个地方有大量受过教育的人在致力于发展和推广科学，从而用几年的时间奉献于科学”（《威廉·冯·洪堡》，第4卷，第191页）。洪堡不断地描绘自由组合的学习和研究团体，当他提到，“人们可以集中精力独自思索，也可以与同龄人组成集体，或者可以把追随者聚集在自己周围”（《威廉·冯·洪堡》，第4卷，第256页），新大学这种组织形式的背后，闪耀着自由追求知识的那种古典研究院的光辉。

这种在集体中进行的研究型学习是一个永不终结的过程，因此“也没有终极的边界，严格来讲，也没有评判学生是否完成学业的标志”（《威廉·冯·洪堡》，第4卷，第170页）。对于洪堡来说，重要的只是，“从中学毕业的年轻人，在步入生活之前，有几年的时间投身于科学的思考……”（《威廉·冯·洪堡》，第4卷，第171页）。因此，作为大学的设计者，洪堡没有拟定毕业考试，尽管他在规划中学时，认为考试是必要的并支持实行考试。结果是，教师、律师等能力考试成为了国家考试而不是大学考试。

尽管传统的教学对于学生的意义有所下降，但它对教授来讲意义仍然重大。教授需要进行教学，需要做“脱稿的口头报告”（《威廉·冯·洪堡》，第4卷，第262页），如果教室里没有学生，他就必须“寻找他们，为了使他的目标”——获得认知——“得以实现”（《威廉·冯·洪堡》，第4卷，第256页）。通过不断地作报告和由此引发的对教学内容的必要的重新思考，研究者总能发掘新的并注意到一直被忽略的内容。因此，在过去，大学教师们“正是通过他们的教师职务”来“推动他们学科的进步”（《威廉·冯·洪堡》，第4卷，第262页）。和研究院不同，洪堡主张研究和教学的统一，认为这是大学的标志。

出于这个原因，“对所用人员的选择”（《威廉·冯·洪堡》，第4卷，第259页），即大学对合适的科学家的聘任，就非常重要，因为，只有同意以上的理念，才能派上用场。从中我们也可以看出，洪堡在建设未来大学师资时的细心谨慎。同时，这也是唯一之处，洪堡放弃了他一贯主张的远离国家干涉的思想，由于旧式大学因裙带经济而变得臭名昭著，也因为他知道，大学倾向于拒绝竞争性的学术观点，所以他没有赋予大学自由招聘的权利。只有国家才允许聘任教授。

洪堡的大学：现实

洪堡把他的大学方案置于一套严格的教育理论的整体设计之中，因而备受瞩目。除却这一点，较之于前文所提到的18世纪其他新建的改革派大学，柏林大学却是乏新可陈。此外，和对洪堡中小学改革的评价相似：事实上，洪堡所作的贡献要少于后人对他的称颂。柏林大学从一开始就是一所职业培训机构，在这里“普通的人的教育”并没有受到重视。

鉴于当时占主导地位的教授文化，学生与教授之间的平等关系也无从谈起。按照洪堡的愿望，柏林大学应该是一所不受国家干预、具有批判精神的机构，但所有了解这所大学历史的人却都认为情况并非如此。对于研究与教学相统一的原则，这理应可以成为一座里程碑，但洪堡也不能独揽其功。

不容忽视的是，洪堡的大学理念并非是追求建立一所综合性大学，而是侧重人文学科，放眼不久以后的科学发展之路，这并不是一个让人信服的建设方案。洪堡认为，“哲学和艺术”是“最能体现”追求科学认知的领域（《威廉·冯·洪堡》，第4卷，第259页），所以那些“观察和实验科学”（《威廉·冯·洪堡》，第4卷，第263页）在这所大学里受到冷落。实证性研究主要在大学的自然科学类院系，在洪堡所发起的彻底改革之后，也在科学院推行。然而科学院并非大学的组成部分，只是与之有着松散联系而已。

辞去职务

1810年4月29日，洪堡在他的《辞职申请》（*Entlassungsgesuch*）中请求国王，“让我辞去文化教育及医疗事务署署长职务”（《威廉·冯·洪堡》，第4卷，第247页）。起因是：1808年施泰因的改革方案已规定各部门的署长们将在国务委员会中与大臣地位相当并具有投票权。然而，当1810年春季国务委员会初具雏形时，这一安排却没能成为现实。事实上，机要国务委员们（洪堡作为内政部五位署长之一也位列其中）没有获得投票权。这一情况牵涉到洪堡本人，他认为此事错误，而且对于他这样具有自我意识的人而言，他同时感到人格受辱。比如所有的申请、备忘录、报告等他只有通过主管大臣才能呈送国王，这使他非常恼怒。他在1809年7月的部门行政总结报告中抱怨过他的职务“缺少独立性”（《威廉·冯·洪堡》，第4卷，第73页）。现在，在1810年春季，他解释道，当时他认为他是完全平等于他的主管大臣才接受国王的请求来负责教育事务的改革。亦或是洪堡想将他主管的部门升格为独立的文化部。这在他辞职多年后，即1817年在卡尔·冯·阿尔滕施坦因（Karl von Altenstein）主政下才得以实现。

1810年6月初，事情看起来有了转机，因为国王和哈登伯格考虑让洪堡出任内政大臣一职。但此事后来并无结果。而洪堡得到另一份任命，回到外交部门担任驻维也纳公使。同时允许他使用大臣头衔，这样他便能参加国务委员会会议。1810年6月23日，他将文化教育署的工作暂时转交给尼可洛维斯，同年11月苏克曼（Schuckmann）正式接替他的工作。但他还是大学建校委员会主任，当时仍在负责大学事务，直至他9月初前往维也纳。

参考文献

棱茨，马克思（1910）：柏林皇家弗里德里希·威廉·大学历史。第一卷：建立和扩建。哈勒（a.d.S.）：外森豪斯书店出版社，第148 － 304页。

第七章 外交、立宪政治和公民的自由权

在1810－1820年的十年间，洪堡效力于普鲁士王国。他担任过外交官，撰写过许多备忘录和呈文，最后还成为了政府要员，从中参与了对抗拿破仑的战争以及战后欧洲新秩序的重建。洪堡希望能够在德意志，或者至少在普鲁士，推行一部进步的宪法，然而他失败了。

1810年9月末，洪堡出任驻维也纳公使。然而，他却不断地暂离职位，代表普鲁士到不同的地方、参与不同的活动。

在接下来两年多的时间里，普鲁士被迫成为了法国皇帝的盟友。但是到了1812年，局势起了变化。尽管拿破仑率领法国人占领并且摧毁了莫斯科，但是战胜沙皇军队的尝试最后以失败告终。拿破仑不得不撤退。普鲁士利用这一有利时机，与俄国在1812年1月31日（在陶拉格）和1813年2月28日（在卡利施）签订了两份盟约。同年夏天，洪堡作为普鲁士的代表参加了布拉格会议，此后，奥地利和英格兰加入反法同盟。

站到普鲁士一边、加入反法战线，不仅是大国角逐的结果，也是民众的强烈要求。法国人在占领普鲁士以及向东扩张期间造成的破坏，使得公共舆论倒向了反法路线。长久以来一直相信所谓拿破仑承担历史使命的洪堡也开始改变观点。

他发现，德意志民族运动业已成为一支反对法国在德统治的主要力量。战役获胜后，反对拿破仑的自由运动不再只着眼于德意志各国的解放，而是致力于德意志的统一。的确，关于德意志各邦国未来的命运问题，最晚在战胜拿破仑之后就应该被提上政治议程。

联邦国家还是国家联盟：洪堡关于德意志问题的思考

事情发生得比预计的要快。在莱比锡大会战（1813 年 10 月 16 日 – 19 日）中，法国人遭到了毁灭性的打击，之后，拿破仑在中欧的权力基础分崩离析，连最后还与拿破仑结盟的诸侯也投奔盟军。洪堡作为普鲁士的代表出席了在法兰克福举行的和谈。谈判允诺了相关诸侯各国的长久独立，因而，就德意志的未来其实已经做出了一个重要的初步决定。在此情况下，洪堡觉得自己有必要将他酝酿已久的关于德意志前途的想法写成一份呈文。

原则上，未来的德意志有五种可能性：

回归到 1806 年之前的状况，即恢复德意志帝国，选举一位德皇作为最高领袖。这几乎是一个不切实际的想法，因为随着时间的推移，人们古老的帝国思想已经不复存在。正如民族运动所追求的，在中欧建立一个强大统一的德意志国家，这不仅违背刚刚给予众多小国的主权承诺，而且也不能得到国外大国、甚至是普鲁士和奥地利本身的支持。尤其是自 1809 年任奥地利外交大臣的克莱蒙斯 · 冯 · 梅特涅侯爵（Clemens Fürst von Metternich），坚决反对任何形式的德意志国家的统一，反对任何真实的或者仅是猜测的普鲁士的利益。除此之外，如何把多民族的哈布斯堡帝国并入一个德意志民族国家，也是非常棘手的问题。而普鲁士国王怀有自己的大国梦想，想象着一个普鲁士治下的德意志民族国家。如果想要避免目前这种面积大小和人口数量千差万别的德意志各独立邦国相互并存的现状，比较现实的是讨论关于“联邦国家”或“国家联盟”的问题。

在 1813 年 12 月给施泰因男爵的《关于德意志宪法的呈文》（*Denkschrift über die Deutsche Verfassung*）中，洪堡再次流露出对一个统一的德意志的渴望。在民众的意识中，德意志是“一个民族，一个人民，一个国家”（《威廉 · 冯 · 洪堡》，第 4 卷，第 304 页）。洪堡自始至终都是一位爱国者，也是德意志统一运动的支持者。但是作为一个现实的政治家，洪堡准备面对德意志的现状。而现实情况是，德意志的统一目前来看还只是一个长远目标。当时，普鲁士和奥地利在利益上分歧严重，欧洲大陆的其他国家对德国统一也顾虑重重。洪堡认为，忽视这一现状的宪法，都是“缺乏长远性和持久性的”（《威廉 · 冯 · 洪堡》，第 4 卷，第 306 页）。洪堡这个观点是从实际情况、而不是从历史发展出发的，符合他关于制定国家宪法要顾及一定前提条件的想法，而这一想法他早在 18 世纪 90 年代早期就发展成熟，显然没有改变。所以他建议：“（人们）不如谦虚地争取一点小小的成果，只建立一个国家联合会，一个联盟”（《威廉 · 冯 · 洪堡》，第 4 卷，第 306 页）。毫无疑问，联盟孕育着未来统一的萌芽。在 31 条条款中，洪堡对这种国家联盟进行了详尽的描述，其核心是各国的军事互助承诺和更加密切的经济合作（甚至建立一个关税同盟）。洪堡特别重视公民的基本权利。他想要在宪法层面保障公民的财产、新闻自由和自由选择居住地等权利。这部宪法草案的进步性还在于，他拟定选举“人民代表”并将其看作国家联盟的核心制度，从中我们也可以看出洪堡关于国家统一的思想。

但洪堡的建议要和其他相关草案互相竞争。一方面是冯·施泰因男爵1813年8月递交的建议，洪堡在呈文中对此进行了回应。施泰因，是普鲁士改革的核心人物，此时担任临时中央管理委员会主任，这个委员会是联盟为了管理从拿破仑那里重新收复而暂时不受它们原先君主管辖的德意志领土而建立的。在这个委员会身上，统一运动的拥护者看到了未来德意志政府的萌芽，这种想法得到了施泰因男爵的坚决支持。

因而，施泰因在他重新规划德意志的草案中，比洪堡更加强烈地支持统一思想。施泰因不想建立国家联盟，而是要建立一个组织严密的、君主统治的联邦国家——但不包括奥地利和普鲁士，和这两个国家可以组成三国同盟。如上所述，洪堡认为这样的构想前景渺茫。因此，洪堡在1814年1月的一份文件中写道，“我们一致认为（这个）方案行不通”（《威廉·冯·洪堡》，第4卷，第326页）。这份文件后来由洪堡著作的编者加上了《写给根茨的关于德国宪法的信》（*An Gentz über die Deutsche Verfassung*）这一标题，这是写给他的老朋友弗里德里希（后来也叫“冯”）·根茨的，但根茨最终站到了反对派的一边，自1802年起为梅特涅效力。尽管洪堡在反对施泰因的方案方面和根茨意见一致，然而根茨的思想和施泰因完全对立，洪堡同样拒绝了根茨关于建立一个联系松散的、基于各国相互缔结条约的联盟的设想。现在我们需要等待，看哪种方案最终证明是最现实的。

寻求欧洲秩序和德意志同盟

最终，反法同盟军将战火烧到了法兰西，拿破仑 1814 年 4 月 6 日摘下了法国皇冠，法国战败。洪堡，总是在关键时刻担任普鲁士的谈判代表，认为，现在是推动解决“德意志问题”的良好时机。毕竟，1814 年 3 月 1 日同盟国同意由所有德意志国家组建一个“具有联邦性质的联合体”。正是在 1814 年 11 月到 1815 年 6 月在维也纳举行的欧洲大会，也在为德意志问题寻求解决方案。洪堡，作为除哈登伯格之外的普鲁士第二公使，参加了会议。在谈判中多次提到了他 1813 年的呈文。

洪堡很快发现，他在撰写这篇呈文时所预料到的问题现在得到了证实：“德意志问题”要置于较为广阔的欧洲背景下，顺应欧洲形势加以解决。而欧洲整体形势的特征是，几个主导大国期望稳定，并恢复旧有的、革命前的秩序。所以，英国、俄国、奥地利和普鲁士对战败的法国显示了惊人的宽容，并希望 1814 年重返皇位的波旁皇朝能够长期掌权。例如，不管洪堡当时在巴黎和谈中的坚决反对，1806 年以后法国向普鲁士征收了严苛的占领税，现在普鲁士却没有要求补偿；在国界方面，法国也不必做任何妥协。目的很明确：法兰西应该重新恢复国力，从长远来看能够重回由五大势均力敌的领袖国和大量从属小国构成的欧洲权力体系。

这也影响到关于德意志前途的讨论。维也纳会议最终决定建立所谓的德意志联盟：就像根茨和他的上司所希望的那样，建立一个关系松散的国家联盟，把包括普鲁士和奥地利在内的 39 个独立的诸侯国统一起来，其主要目的仅仅是保持成员国的内外安全。联盟最重要的机构是设立在美因河畔法兰克福的联盟议会，这是一个奥地利主持下的公使会议。

虽然这种结构和洪堡原本的设想相去甚远，但它毕竟是一个国家联盟，洪堡在 1813 年的呈文中也断定：在当时的条件下，这个联盟是唯一可能取得的成果。联盟建立一年以后，洪堡再次确认了这个评价："一个普遍的德意志联盟是……唯一能够将众多大小不同和性质不一的德意志诸侯国合为一体的政治形式，这种形式保障了安宁，消除了嫌隙，增加了信任，谁若引起了他国合理的怀疑，法律上就有可能对其追究责任。"（《威廉·冯·洪堡》，第 4 卷，第 353 页）德意志联盟没有外交权，也就不存在以它的名义所进行的战争。对内，联盟的表现则更为果敢，在 1848 年革命前的几十年，它用警察国家的手段镇压自由和民族运动，成为了梅特涅和反对势力手中的一个温驯的工具。

洪堡关于公民自由权利的提议未能进入联盟宪法，作为进步力量的代言人，他在呈文中所要求的用以保障公民参与发表意见的组织形式也未能实现。然而，1815 年 6 月 8 日联盟第 13 号文件，打开了一个前景，它规定："在所有的联盟国家中建立等级代表的宪法"。关键词"等级代表的"显示，可能会存在公民直接选举的议会。最后，普鲁士国王弗里德里希·威廉三世也于 1815 年 5 月 22 日向他的臣民承诺："应该建立一个人民代表机构。"对此一些德意志国家展开了热烈的讨论，而首先在南德意志的几个国家，达成了民主共治的早期形式。在联盟层面上没有做到的，却可能在个别国家中取得成功。

自从拿破仑再次离开了厄尔巴岛并凯旋巴黎之后，是1815年6月18英普联军在滑铁卢的胜利，才将这位法国皇帝的阴影逐出欧洲。洪堡参加了必须再次召开的巴黎和谈。在那里，法兰西不得不同意特别是向意大利和德意志返还偷盗所得的艺术珍宝，这对于1798年在巴黎逗留期间就被迫面对艺术掠夺品的洪堡而言，是个小小的胜利。

在以后的岁月中，洪堡在美茵河畔的法兰克福和伦敦担任了普鲁士公使，期间经常在柏林停留。

尽管明白自己位高权重，洪堡还是会非常认真地对待交给他的任务。例如，他作为普鲁士代表，参加了法兰克福的联盟议会。与此相关，他1816年9月30日写下备忘录《关于普鲁士对德意志联盟事务的处理》（*Über die Behandlung der Angelegenheiten des Deutschen Bundes durch Preußen*）。这个文件之所以非常重要，主要是因为它揭示了驱使洪堡长期以来成为德意志联盟辩护者的原因。洪堡认为，即便联盟尚未体现德意志的统一，但它会促进德意志的统一："因为联盟将各个国家联合为整体，这些国家在亲缘关系和语言上显然是一体的，它们在德意志帝国也的确曾经统一过；各个联盟成员国和一个国家的各个公民一样，要放弃一部分原有的独立性，而服从于共同的意愿。"（《威廉·冯·洪堡》，第4卷，第371页）下面出自同一文件的表达也显示出，洪堡已经准备将德意志联盟看作是有分量的政治体了："显然，有了德意志联盟，一个新的国家进入了欧洲的秩序，这个国家存在于所有单个国家之外，又包含了这些同时也是独立的

单个国家。”（《威廉·冯·洪堡》，第 4 卷，第 391 页）

然而，将德意志联盟看作一个乔妆打扮的联邦国家，甚至作为一个欧洲舞台上独立的行为体，并不符合普鲁士的政策。在柏林，没人有兴趣去打乱维也纳会议上约定的脆弱的权力平衡。国王和首相都想要远离洪堡。洪堡非常积极地参与 1817 年 3 月 20 日首次举行的普鲁士国务会议，并且在会上作为税务委员会主席言辞激烈地支持废除普鲁士内部(！)的关税壁垒，这些都已让他俩感到厌烦。促进自由贸易，是一件自由主义的根本大事，洪堡一直给予支持。因为国务委员会，洪堡 1810 年辞去了内务部文化教育署署长一职，而现在他恰恰在这个国务委员会上，为自由思想而努力。

洪堡经常以呈文和备忘录的形式干预政府工作和管理工作中的实际问题。对施泰因改革思想中不涉及高层政治而只是关心管理问题的那些方面，它们或许能够给与帮助。比如，他在《论最高领袖的地位和权限》（*Über die Stellung und die Befugnisse der Oberpräsidenten*）（1817）（《威廉·冯·洪堡》，第 4 卷，第 418 页）一文中，建议提高普鲁士王国各个省份的自主权，以促进它们的自我管理能力。同时，他想要借助区域化来形成一种和中央权力相抗衡的力量，认为中央权力正越来越背离时代潮流。

在公民权利方面，洪堡特别热心于言论和新闻自由。洪堡认为，在普鲁士，尽管改革的气氛暂临时占居主导地位，但是沃尔纳的思想还是在到处作乱，在这些年的复辟舆论中，自由的公民社会的基本条件受到了严重威胁。联盟文档（18 号文件）只是承诺对新闻自由做相关规定，但并没有具体的内容。这个问题有待进一步的澄清。洪堡想通过 1816 年 1 月写给宰相的呈文《论新闻自由》（*Über Pressefreiheit*）来推动问题的解决。在报告中，洪堡几近设计了一个有关公共舆情的法律文本，粗略算得上一部现代新闻法。他认为，应该完全废除新闻审查，要信任教育阶层公众的评判能力，信任“读者健康的理解力”（《威廉 · 冯 · 洪堡》，第 4 卷，第 344 页）。然而，人们必须承认自己书写的印刷品，那些在当时的政治争论中广为流传的匿名印刷品，不允许再存在。如果逾越了正当合理的界限，国家就有权制止。如果存在矛盾，就由法庭在一定的期限内做出判决。诸如此类，洪堡成为了法治国家的导师！

普鲁士的宪法政治家

洪堡已经充分地了解，单单依靠备忘录解决不了什么问题。因此，他必须不顾一切阻力，设法进入内阁。对洪堡有利的是，宫廷已经无法忽视他作为学者的声望和他在外交政治中所表现的能力。

第一个机会是在外交部门，出现在 1818 年，但是没有成功。这个职位最终给了别人，原因不仅仅是洪堡的自由化主张。1817 年 7 月 14 日，他在一封写给哈登伯格的《关于管理的现状和大臣们》（*Über die Zustände in der Verwaltung und die Minister*）的信中，言辞激烈地批评了几位潜在的同事，针对其中两人他还声明“我决不会跟这两个人在基本原则、思想意识和管理工作上达成一致，也绝不会跟他们就此相互沟通”（《威廉 · 冯 · 洪堡》，第 4 卷，第 431 页）。国家管理“在几乎所有的部分都存在缺陷”（《威廉 · 冯 · 洪堡》，第 4 卷，第 427 页），他认为，政府工作的改善，“只有通过人事大换血才可能实现”（《威廉·冯·洪堡》，第4卷，第429页）。完全秉承施泰因旧的改革思想，洪堡建议，按照合议原则组织政府，也就是说，通过专家的平等合议，这可能使宰相这个职位变得多余。很显然，哈登伯格和各方面都对他言听计从的国王都不会认为这是个好主意。但在新建内阁的过程中，从内务部分离出来了一个部门负责社会阶层事务，并于1819年1月11日将这个部门连同制定宪法的任务交与了洪堡，看来洪堡实现了愿望。

国王对宪法的承诺明显一再拖延而没有兑现。宰相为了拖延时间，从1817年起以繁琐的方式命令洪堡所属的国务委员会下设的宪法委员会，在普鲁士王国的不同地区调查立宪情况。继续受到国王的委托和保守的贵族反动派的支持，哈登伯格力图阻止立宪，这一意图最晚在洪堡被任命为内阁大臣时就已暴露无遗，因为他让洪堡知道，立宪绝不是他能独立负责的事情。所以，洪堡上任后很快就制定了一个宪法草案，因为他担心，权欲强盛的哈登伯格可能会剥夺他的制宪工作。的确，在接下来的时间里，两个人之间发生了激烈的冲突，主要根源就是这个立宪问题。

洪堡在1819年2月4日《关于在普鲁士国家中设立等级代表的宪法》（*Über Einrichtung landständischer Verfassungen in den preußischen Staaten*）一文中，延续了不久以前、也就是1816年提到过的、源自他早期关于国家理论的思想，主张将新的宪法和已有的条文有机地结合起来。“国家的新规则和新机构必须与已有的相结合，使它们能够以熟悉的方式扎根于祖国的土壤，这是一条古老又不失明智的原则。”（《威廉·冯·洪堡》，第4卷，第442页）为了实现这个基本原则，洪堡认为一个“等级代表的”宪法是最合适的，就像13号联盟文书所拟定的那样。因此，在洪堡的宪法计划中，普鲁士国家议会第二议院的议员由人民直接选举产生，旧阶层（地主、城市、教堂等）的代表则组成第一议院。一个如此构建的宪法不仅符合自由市民阶级的愿望，实际上也体现了进步与传统的完美结合。

但洪堡不想“以全体人民群众为基础直接”选举第一议院（《威廉·冯·洪堡》，第4卷，第436页）。对于他来讲，这听上去太像法兰西和人民专政，而且和历史演变而成的社会现实没有多少关联。乡镇议会以及省级议会，特别是普鲁士国家议会，更应该由按团体（按职业）划分的选民直接选举产生。当时还没有当今意义上的党派，洪堡认为，职业对政治意愿起着决定性作用。议会的两院都参与征税，而这是一个在所有关于宪法的讨论中激烈争夺的议会特权。另外，设立法律保障公民自由是洪堡最关心的第二大问题。凭良心（而不是被迫）行动的权利、新闻自由、人身和财产安全，这些基本权利应该通过宪法加以保障。这就是古老的自由主义的要求，而洪堡是其坚定的代表。但议会的召集和解散都要听从于国王，以满足所谓的“君主政权原则”。当时盛行的保守的国家权益学担心，政治民主化会走得太远，而“君主政权原则”可以阻止这一现象的产生。

1815年以后，一方面德意志统一运动陷入了德意志狂热和浪漫主义幻想之中；另一方面，在学生群体中的确产生了一个激进的方向，他们的目标是不惜动用恐怖手段来建立一个共和的民族国家。学生卡尔·路德维希·桑德（Karl Ludwig Sand）就来自这些群体，1819年3月23日他曾向反对派的代表、作家奥古斯特·冯·科茨布（August von Kotzebue）发起过致命的袭击。对此，保守力量不再犹疑不应。1819年8月6日至31日在波西米亚卡尔斯邦德（Karlsbad）举行的德意志联盟的大臣会议，在梅特涅的带领下做出决定，不仅禁止学生社团（Burschenschaften），而且矛头也指向进步的市民阶级：动用（事实上当时不再使用的）审查手段，检查报纸和所有20印张以下的文章；监视大学；跟踪自由派学者。在这种情况下，不言而喻，所有在普鲁士对宪法事业所做的努力几乎都徒然而废。

洪堡最后一次提出抗议。他利用1819年10月5日在内阁介绍呈文《论卡尔斯邦德决议》（*Über die Karlsbader Beschlüsse*）的机会，试图动员国王反对这些决定。他巧妙地呼吁君权。同时，他第一次坚定地疏离德意志联盟，并将其看作是反对势力的听差。他"从未""觉得扩展联盟的相关宪法权是可取的"（《威廉·冯·洪堡》，第4卷，第510页）。其实恰恰是洪堡，一直向相反的方向努力、并力求扩展联盟的权限！实际上，卡尔斯邦德的决定，意味着对主权独立的联盟成员国权利的公然侵犯。比如，在美因茨成立的所谓的中央检查委员会，能够在联盟所有的土地上，将任何德意志国家的公民交由联盟机构长时间监禁，相关国家无法干预。

不出所料，国王1819年10月18日在普鲁士开始实施这项决议。洪堡试图争取大臣们的支持，但没有成功。更有甚者，就像对施莱恩马赫和（已经去世的）费希特等改革时期其他的引领者一样，人们也诋毁洪堡，指责他十年前在教育改革中播下的种子现在发了芽，并表现为精神上的反叛。哈登伯格建议洪堡退出内阁，国王在1819年12月31日采纳了这个建议。1820 年，卡尔斯邦德决议被纳入维也纳的最后文件，也成为了联盟宪法的一部分。

尽管 1821 年在哈登伯格的再次努力下，在普鲁士王国的省份中成立了具有有限参与权的省级议会，至 1848 年还是没有形成一部国家宪法，也没有产生“国民代表”。特别是这个悬而未决的宪法问题，成为了三月革命前期的政治运动和公民革命的推动力。

结论

如果说早期的洪堡和国家之间保持着一种批判的距离，并认为国家只是对个人自由的威胁，那么，现在洪堡修正了他的抗拒态度。在中年洪堡的思想世界里，国家已经成为了公民社会政治行为的工具。洪堡致力于建立一部能使公民发挥主动性和具有责任感的宪法，正说明了这一点。

洪堡的这个诉求在普鲁士失败了。以洪堡为代表的公民自由力量，没能将反拿破仑的热情动用到他们所追求的适度的政治改革中去。如果洪堡善于赢得同盟者的话，他也许会成就更多。学术文献中经常提到，特别是和哈登伯格，洪堡本来应该可以达成一致意见，尽管两人在具体事务上见解相左，但是后者和洪堡的政治思想其实并没有根本的区别。在关键时刻，洪堡却一直在寻求对抗而不是合作。

无论如何，普鲁士和德意志的复辟势力赢得了胜利，有效地抗拒了关于民族国家统一和公民政治参与的主张。这是历史的讽刺：恰恰在后拿破仑时代的法兰西，1814 年 6 月一部非常接近于德意志自由公民阶级要求的宪法生效了！

尽管有迹象表明，在哈登伯格去世（1822）后，洪堡有可能成为他的接班人，然而事实是：随着洪堡脱离政治，他30年前关于教育理论方面的前瞻性思考在他个人身上得以印证：由于缺少政治参与的可能性，进步的市民阶级只好通过修心养性和艺术享受聊以自慰。对于洪堡同时期的许多人来说，这意味着退回到了庸俗的市侩生活而安于现状。对于洪堡而言，集中精力进行科学反思的年代来到了。

参考文献

胡博尔，昂斯特 · 鲁道夫（1995）：1789年以来的德意志宪法史。第一卷：1789年至1830年的改革与复辟。斯图加特及其他：科尔哈默出版社。

第八章 语言世界观

从 1820 年至 1835 年逝世，洪堡投身科学。他的语言学研究至今意义重大并被广为接受；他的资料详实、哲学色彩浓厚的著作，集中讨论了诸如言语与思维的关系，语言对人类认知能力的影响以及语言与民族（精神）的关系之类的重要问题。

自辞去内阁大臣职务以后，洪堡又回到了特格尔庄园。虽然很少有对外活动，但自 1809 年就成为院士的洪堡还是积极地定期参加科学院的会议；1825 年他担任“普鲁士艺术之友协会”主席一职；1830 年他重新成为国务委员。此外，他还进行了几次旅行。1829 年卡洛琳娜 · 冯 · 洪堡过世。在他生命最后 15 年里所进行的研究中，语言学研究尤为突出。

洪堡对语言的兴趣由来已久，从儿时的希腊语课程到晚年的梵语研究，这一兴趣伴随了他的一生。逗留罗马期间，他对语言做了具体的科学探索。在这里，洪堡将他在巴黎时期的旅行经历整理成内容丰富的文章，其中包括他对巴斯克语的评述，在他看来，巴斯克语是一门来自印欧日耳曼族大迁徙之前的语言，仍然完全保留着原始的形态。即便在 1810 年后政务繁忙之际，他仍要抽出时间投入语言研究。那个时代恐怕再没有其他人像洪堡那样，拥有如此渊博的语言学知识，他的语言学藏书也是当时规模最大的。洪堡能自由运用希腊语、拉丁语这两门古老的语言，然后是西班牙语、意大利语、法语和英语。他还深入地研究过埃及的科普特语，中、南美洲的印第安语言，捷克语以及斯拉夫语。借助词典他还接触过梵语。19 世纪 20 年代，他还对印度尼西亚和波利尼西亚地区的语言，还有汉语产生了兴趣。他极其仔细地研究了那些异域风格浓烈的外来语言，甚至能够认清这些语言的结构特征并对它们进行相互比较。在一段时期，他致力于对他所熟悉的所有惯用语进行对比研究。

洪堡并不是他那个时代唯一一位投身于语言研究的人。受到 1822 年破解埃及象形文字的鼓舞，语言学在 19 世纪 20 年代蓬勃发展。比如，洪堡结识于伦敦并于 1821 年安排其来柏林大学任教的法兰茨 · 波普（Franz Bopp），研究了印欧日耳曼语之间的亲缘关系，并撰写了一部关于这些语言的比较语法。洪堡与当时欧洲最为重要的语言学家建立了广泛的联系。

洪堡的语言研究不仅起步早，而且他很快从中获得了基本洞见。早在他1806年关于古典文化研究的《拉丁和希腊》一文中，他就认为，“一个民族的民族特性”体现在语言中（《威廉·冯·洪堡》，第 2 卷，第 59 页），语言不亚于“处在我们外在的与我们内在世界之间的一个中间世界”（《威廉 · 冯 · 洪堡》，第 2 卷，第 60 页）。此外，在此文中人们已经可以读到这一卓尔不凡的句子：“语言正是对思维的补充。”（《威廉·冯·洪堡》，第 2 卷，第 61 页）从这些看似偶然记下的只言片语中，洪堡自 1820 年发展了他的语言学说，并使之成为他人文著作中最为完整和精深的一部分。

下面我们不得不只限于介绍几个有代表性的方面。在此意义上我们将再现洪堡语言学思想的发展路径，从语言的起源问题出发，一直到著名的、对于他的比较理论而言富有成效的语言世界观。

语言的起源

和其他语言研究者一样，洪堡也研究了语言的起源问题。但是他并未像前人那样，用上帝的作用来回答这个问题，他也没有沿用自然主义的推断，认为语言是从动物的声音发展而来的，而是指出了人类产生的条件。正是因为拥有语言，人类才区别于其他生物，因此可以这样说："人只是因为有了语言才成为了人。"（《威廉·冯·洪堡》，第3卷，第11页）1820年6月29日，他在科学院所作的《论与语言发展的不同时期有关的比较语言研究》（*Über das vergleichende Sprachstudium in Beziehung auf die verschiedenen Epochen der Sprachentwicklung*）报告中选择了这一表述。从某种程度上讲，语言是人类先天所具有的。在著作的其他地方，洪堡也把语言定义为无需进一步解释的人类本质。

但是，即便认为语言"直接根植于人本身"（《威廉·冯·洪堡》，第3卷，第10页），也不能将其等同于"沉睡在心灵隐秘之处的死寂之物"（《威廉·冯·洪堡》，第3卷，第11页），"也不是某种现成之物"（《威廉·冯·洪堡》，第3卷，第11页）。谈到语言时，洪堡更多地认为它"并不是一种产品（Ergon），而是一种活动（Energeia）"（《威廉·冯·洪堡》，第3卷，第418页），一种动态力量，一种出自人类语言天赋的"个体的自我创造”（《威廉·冯·洪堡》，第3卷，第412页）。如此它便是“思维的必要条件”（《威廉·冯·洪堡》，第3卷，第195页）。

语言和思维

如果语言使人成为了人，那么，阐述语言和人类的另一个本质能力，即思维之间的关系就不难理解了。早在1795年至1796年间，这一论题就在一篇论纲式的小文《论思维和言语》（*Über Denken und Sprechen*）（《威廉·冯·洪堡》，第5卷，第97页）中有所提及。从1820年起，洪堡系统地研究了这一关系。

在洪堡看来，语言也不是“思维绝对必要的条件”，因为如果是这样，那么在语言产生之前或离开了语言就没有了思维。洪堡更多的是遵循18世纪的心理学，认为清晰的思维根植于不明确的感知和稍纵即逝的想法。洪堡在详细研究了梵语之后、在可能成文于1827年至1829年间的《论人类语言结构的差异》（*Über die Verschiedenheiten des menschlichen Sprachbaues*）一文中写道，“心智活动”“完全可以是内在的，并在某种程度上不留痕迹地消逝”（《威廉·冯·洪堡》，第3卷，第191页）。但要认识思维，人类需要语言。“真正的思维”（《威廉·冯·洪堡》，第3卷，第195页）“必须与声音相联系”（《威廉·冯·洪堡》，第3卷，第192页）。只有“通过言语时的声音”，思维“方能外显并为感官所感知”（《威廉·冯·洪堡》，第3卷，第191页）。“语言为精神的追求在唇齿间开辟了道路，然后精神追求的产物又重新回到发声者的耳朵里”（《威廉·冯·洪堡》，第 3 卷，第 195 页）。如若离开语言，不明确的思维是“无法通过其他途径变得清晰，想法也无法成为概念”（《威廉·冯·洪堡》，第 3 卷，第 192 页）。由此，我们才能理解那些广为引用的表达，如语言是“产生思想的器官”（《威廉·冯·洪堡》，第 3 卷，第 191 页），而“语音是语言为思想所创造的表达形式”（《威廉·冯·洪堡》，第 3 卷，第 457 页）。语言作为一种动态力量在此就是“发出分音节”，它能使思维从模糊走向清晰，作为一种“反思”行为，以便“将现象世界的物质浇注到思维的模具之中”（《威廉·冯·洪堡》，第 3 卷，第 13 页）。将这两个方面结合起来，洪堡写道，人类具备统治世界的能力，“精神上通过反思，在肌体上通过发出分音节”或者“精神上借助智性的综合，肌体上通过借助音调，将音节结合成词，再把词结合成语句”（《威廉·冯·洪堡》，第 3 卷，第 3 页）。发出分音节是一种能力，它能让人用语言去捕捉到通过“反思”进入到人意识中的东西。或者换句话说，语言是“活动”，正是“这种永恒反复的精神活动，使分音节能够成为思想的表达”（《威廉·冯·洪堡》，第 3 卷，第 418 页）。语言并不仅仅是“表述已知真理的媒体”，而且能够“探寻未知的真理”（《威廉·冯·洪堡》，第 3 卷，第 19 页），无论这未知的真理是静默在人类散乱的想法中，抑或存在于陌生的外部世界。

至此，我们尚未确定外部世界的特征，从这个外部世界，人类用语言表达的精神追求又回到了“自己的耳朵”。重要的是，要意识到语言尽管不只是、但也是主体之间的交流工具。在洪堡看来，语言“在表现形式上”最终也是“社会性的”（《威廉·冯·洪堡》，第 3 卷，第 196 页）。一个言语行为总是指向能够作出回应的对象。

语言与思维的社会性

洪堡写道，“语言为精神的追求开辟了道路”（《威廉·冯·洪堡》，第3卷，第195页），而语言的一个重要功能就是交际，那么“精神追求”也就具有社会性。“精神追求”迫切需要通过语言加以表达，“结果”便是曾经散乱的想法在精神上通过反思成为了概念、声音上通过发出分音节成为了词，而且它们重新“回到了自己的耳朵”。那个外部现实世界，与精神追求进行碰撞、对散乱的想法进行概念打磨，其实便是能够言语和思维的人类集体。因此，思维并非通过其他方式达到“明确和清晰”，而仅仅是“借助他人思考能力的反射”加以实现（《威廉·冯·洪堡》，第3卷，第201页）。“当思考者真正从自身外部观察思想时，客观性……才得以实现，而这只能通过另一个如同他一样完美的并能思考的人才会成为可能。……词必须……在一个能倾听和回应的人那里获取本质”（《威廉·冯·洪堡》，第3卷，第201页）。因为“人……只有通过考察别人对其言辞是否理解才能（理解）自己”（《威廉·冯·洪堡》，第3卷，第196页），所以“思维与社会紧密相连，而为了进行纯粹的思维，人需要……一个和‘我’相对应的‘你’”（《威廉·冯·洪堡》，第3卷，第201页）。即便是一个没有告知目的的思维活动，一个“个体在封闭孤独中的”思维活动（《威廉·冯·洪堡》，第3卷，第196页），也正是因为这个思维活动建立在概念的基础上、用词汇（和词组）进行表达并且因此变得清晰、同时打了社会交流的烙印，才成为可能。

从观察语言和思维的社会特征转而对语言和民族进行比较，还差中间一小步。

谈到语言比较，需要再次回顾洪堡对“发出分音节”和“反思”的区分。当洪堡写道，“产生概念单位的智性活动”“与之相对应的、作为感官符号的词汇单位，二者……在借助言语行为的思维过程中（必须）紧密地相互伴随”（《威廉·冯·洪堡》，第3卷，第15页），那么，正如他所观察到的，不同的语言完全可以有不同的实现方式。并非所有的语言都能通过反思将所认识到的转换成各种相对应的语言“形式”，通过发出分音节表达出来。洪堡认为，当“语法和词汇结构”能完全再现思想的复杂性时，那么这种语言就达到了“形式上”的完美。语言研究者的任务就在于，“探究能否在语言中发现这种逐步接近完美结构的机制”（《威廉·冯·洪堡》，第3卷，第391页）。

在洪堡看来，处在最低级阶段的是“原始语言”或者“粗糙语言”（《威廉·冯·洪堡》，第3卷，第13页），构成相对简单，也就是说，“在形式的把握上存在明显的缺陷”（《威廉·冯·洪堡》，第3卷，第13页）。巴斯克语就属于这种情况。下一阶段“出现……了语法上的曲折变化以及语法的、也就是具有形式意义的词”（《威廉·冯·洪堡》，第3卷，第13页）。在最高级的、也就是理想阶段，语言就是纯粹的形式、即具有复杂结构，“在言语行为中质料完全退居次席”（《威廉·冯·洪堡》，第3卷，第13页）。这样的语言——毫无疑问希腊语便属于这类语言，能充分表达思想所辨识的东西。但这也使问题复杂化，因为洪堡也知道相反的情形，比如一些现代语言虽然缺少语法手段，但表达完美。在洪堡看来，这是因为精神摆脱了冗余的形式。洪堡对语言的分级其意不在评价。他的研究更多是显示了，“那些所谓粗糙野蛮的方言也具备了进行全面使用的一切条件，随着岁月的推移形成了颇具特点的形式，无论比较完美还是有所欠缺，这些形式都能够清楚地表达每一种思想”（《威廉·冯·洪堡》，第3卷，第2页）。

如上所言，只有拥有了相应的语言表达条件，思维才能达到清晰，尽管如此，语言发展水平与提供给思维的表达条件之间存在着对应关系。换句话说，“思维……不单依赖于（普遍意义上的）语言，而是在一定程度上决定于每种特定的语言”（《威廉·冯·洪堡》，第3卷，第16页）。当然，有些因素几乎存在于所有的语言中，这个关于语言普遍性的问题洪堡也同样做过专门研究，但在这里不再做进一步的介绍。洪堡在他1827年4月27日科学院的报告《论双数》（*Über den Dualis*）（《威廉·冯·洪堡》，第3卷，第113页）中，通过人称代词（而没有以比如德语中所没有的其他双数现象为例）举例证明了这一点。此外，还存在大量的与每种语言的个性相关的语法现象，由于“每种语言中很重要的一部分内容毫无疑问源于这种语言本身，所以这部分内容的语言表达不可能是随意的”（《威廉·冯·洪堡》，第3卷，第17页）。

通过从普遍的语言转向语言个体，洪堡的研究最终从关于人类本质的人类学回到了民族志学和社会学的观察领域，具体来说：他又重新专注于民族的比较并将此作为语言哲学思考的目标。随着时间的推移，洪堡日益相信，没有什么能比语言更好地反映该民族的性格特征。特别是那篇作为《卡维语》（*Kawi-Werk*）而著称的计划对爪洼语进行描述的导论，《论人类语言结构的差异及其对人类精神发展的影响》（*Über die Verschiedenheit des menschlichen Sprachbaus und ihren Einfluss auf die geistige Entwicklung des Menschengeschlechts*）（1830－1835），就是论述这方面的著述。文中写道："观察语言的不同和民族的分布与在程度上和形式上逐步发展变化的人类精神力产物之间的相互联系，阐明这两种现象之间的关系，便是本文的主要内容。"（《威廉·冯·洪堡》，第3卷，第384页）

语言世界观

正如我们所见，洪堡认为人的意识并不建立在对外部现实世界进行直接感知的基础之上。人更多的是有能力用意识观照现实并赋予现实以语言的表达形式。也就是说，语言作为认知的媒体存在于主体和主体之外的现实之间。"正如单个语音处于对象与人之间，整个语言处于人与对其施加影响的……自然之间。人用语音的世界把自己包围起来，以便接纳和研究这个对象世界。"（《威廉·冯·洪堡》，第3卷，第434页）

需要补充说明的是，将人与世界的关系仅仅描述成一个学习并掌握语言的过程，对洪堡的教育理论思想而言是一个并非无足轻重的观念转变。从他早期的有关教育理论的零散论述来看，洪堡把"教育"理解成对世界的把握（见第四章）。但是谈到"世界"时，当时他使用的是"非人"这个术语。与之相反，在后期的语言学著作中他认为，在受语言决定的人的认知能力之外并无世界存在。人同时也是生活在语言的包裹之中，并感知着周围的世界，"正如语言所输送给他的那样"

（《威廉·冯·洪堡》，第3卷，第224页）。人观察世界的方式方法，是由语言决定的，因此语言的不同“并不是声音与符号的差异，而是世界观本身的差异”（《威廉·冯·洪堡》，第3卷，第20页）。其结果是，正如在残篇《论语言的民族性》(*Über den Nationalcharakter der Sprachen*)(可能成文于1822年)第一章所言，“从语言对认知与感知的影响来看，多种语言……即为多种世界观”（《威廉·冯·洪堡》，第3卷，第64页）。

如果不同的语言意味着世界观的差异，那么可以推断，对于每一个用语言进行交流的人而言，在持同一种语言进行交际时也可能出现问题，并且必须不断地通过交际以达到理解。因而，如果个体与其他人分享语言，他也在分享他的“世界观”。一个语言集体的维系不仅仅要借助于同一种语言这个外部纽带，而且还需借助于由此所形成的成员间共同的“世界观”。“每一种语言都在它所隶属的民族周围设下一道樊篱，一个人只有跨过另一种语言的樊篱进入其中，才有可能摆脱母语樊篱的约束”（《威廉·冯·洪堡》，第3卷，第224页）。

反之亦然。由文化、历史、生活条件等所导致的一个语言集体的“民族相似性”，深刻影响着这个集体所使用的语言。“每种语言接受了该民族一定的特质，而且又同样反作用于并决定了民族的特质”（《威廉·冯·洪堡》，第3卷，第560页）。而这正说明，语言体现了“民族自身原本和直接的创造力”（《威廉·冯·洪堡》，第3卷，第408页）。语言与民族精神之间的相互渗透是如此的紧密，正如《卡维语》中所言：“一个民族的精神特质和语言的构造水乳交融，如果有了一方，那么必能从中完整地推导出另一方”（《威廉·冯·洪堡》，第3卷，第414页）。换言之：“语言同时是民族精神的外显；语言即精神，精神即语言，两者的一致性无与伦比”（《威廉·冯·洪堡》，第3卷，第414页）。

这样，洪堡就实现了其语言学研究的目标。如果他给自己提出的任务是“深入研究精神和语言的紧密关系”（《威廉·冯·洪堡》，第3卷，第555页），那么对于洪堡而言，就是根据相应的语言来比较民族的精神现象，因为语言，如上文所述，总是具有一种“民族”形式。因为“从每一种语言中……都可以推断出其民族特性”（《威廉·冯·洪堡》，第3卷，第562页），所以，语言所固有的差异正是“在语言中所显现的民族特性”（《威廉·冯·洪堡》，第3卷，第556页）。

参考文献

波什，迪尔曼（1997）：思维－语言－世界。威廉·冯·洪堡的语言哲学纲要。载：维科，艾尔哈德；诺伊斯，沃夫冈；施密特-科瓦茨克，沃尔夫底特里希（编）：人类与个体关于威廉·冯·洪堡的教育理论与哲学。魏茵海姆：德国研究出版社，第65－81页。

鲁普雷希特，艾利希（1963）：思维中的语言威廉·冯·洪堡。载：古滕布鲁纳，齐格弗雷德（编）：德语语言及诗学，方法，问题，任务。斯图加特：克莱特出版社，第217－236页。

第九章　洪堡与后世

对洪堡的作品有完全不同的解读，在过去的150多年里对洪堡本人的评价也起伏不定。而在今天，洪堡又变得尽人皆知，即便人们对他仅仅是一知半解。

前言

在当前关于教育未来的讨论中，洪堡一直得到引用因而频频出现。持续不断的学术出版、学术交流和研讨会议也表明，人文和社会科学希望将洪堡的著作视为灵感的来源以解决现今的问题。然而，对于洪堡著作的解读不是一成不变的，人们对他的著作也并非总是无条件地赞同。

洪堡著作的出版史

今天为我们所熟悉的洪堡全集，洪堡在世时只出版了其中很少一部分。他耶拿时期的两篇关于人类学的论文1795年发表于席勒的杂志《时序女神》。《论歌德的〈赫尔曼与窦绿苔〉》1799年出版成书。1816年出版了《阿伽门农》的译本。1820年以后在科学院做的报告很快发表于普鲁士科学院的论文集。

1830 年洪堡出版了与席勒的书信往来。其他一部分在洪堡去世后不久发表。其中，1836 年至 1839 年出版了《卡维语》一书。1847 年至 1849 年是两本书信集。1851 年《试论国家的权限》首次未经删节发表。1841 年至 1852 年间，由洪堡的弟弟亚历山大 · 冯 · 洪堡发起出版了 7 卷、但不完整的洪堡论文集，其中也包含了部分的手稿遗作。洪堡不为人知的早期作品（见下文）也得以付印。其他一部分著述在 19 世纪末洪堡研究的热潮中得以出版，其中，首次发表了洪堡在普鲁士王国任职时的文献。1906 年至 1916 年，出版了洪堡与他妻子的往来书信。

这一时期的主要成果，是受普鲁士科学院委托从 19 世纪 90 年代开始的洪堡文集的出版工作。人们对现有的遗作进行了整理和补充，并增补了洪堡日记。科学院版本的第一卷出版于 1903 年，17 卷中的最后一卷发表于 1936 年。洪堡的遗著“二战”期间被转移到西里西亚，此后这些文献散落到了欧洲的多个档案馆和图书馆，其中有一部分就此下落不明。迄今为止，我们也只知道洪堡全部作品中的一部分，还不断有出自洪堡笔下的信件、笔记、报告和论文被发现。过去的几十年，对洪堡的兴趣集中于他的语言学著作，因而，柏林 – 勃兰登堡科学院启动了一个庞大的出版项目，从历史和批判的角度出版那些洪堡语言学著作中尚未发表的、最新发现的部分。

19 世纪和 20 世纪的洪堡

关于洪堡的著述在他过世后不久便开始出现。一开始涌现的主要是洪堡熟人对他的纪念性文章。1856 年出版了第一部洪堡传记 [海姆（R. Heym）]；而且这并不是 19 世纪的唯一一部。然而总的来看，那个时代对于洪堡和对于他发挥持续的影响并不十分有利。以艺术为媒介进行非功利性教育的新人文主义已经过时，另外，民族主义重新抬头。人们要求，高级中学应该培养年轻的日耳曼人而不是年轻的希腊人。洪堡因而不再受人关注。

19世纪末情况有所改观。19世纪70年代，弗里德里希·尼采（Friedrich Nietzsche）批评了高级中学的状况，谴责了那种变得肤浅和陈腐的教育，并要求回归新人文主义的教育思念——尽管那是针对少数人的精英教育。此后不久，形成于1800年左右的魏玛－耶拿学术圈被颂扬为德意志精神生活的高潮，从而人们发现，洪堡在三人联盟中和歌德、席勒旗鼓相当。19世纪80年代被打上了“新人文主义”的烙印并非偶然[鲍尔森（F. Paul）]。科学院版洪堡文集的出版，则进一步鼓舞了对洪堡的研究。1910年柏林大学的建校庆典对此锦上添花。

由于查证相对方便，洪堡现在首次作为普鲁士改革时期的中心人物进入了人们的视野。爱德华·斯普朗尔（Eduard Spranger）的《威廉·冯·洪堡和教育改革》（*Wilhelm von Humboldt und die Reform des Bildungswesens*）（1910）一书造就了洪堡作为教育改革家的声誉，或者说：创建了影响至今的“洪堡神话”。尤其是洪堡的大学模式至今享有盛誉，正是在那个时期打下的基础。也正是斯普朗尔，以《威廉·冯·洪堡和人文思想》（*Wilhelm von Humboldt und die Humanitätsidee*）（1909）一书介绍了教育理论家洪堡，从而影响了他那个时代以及后世的公民教育思想。在20世纪20年代的人文科学教育学中，教育概念成为了核心词汇，洪堡成为了典范。只有作为政治思想家，洪堡受到了不同的评价。拥护国家的晚年洪堡受到了赞赏，但其早期论文由于过分自由的个人主义而遭到否定。纳粹时期对洪堡的政治批判则更为尖锐，人们指责他对国家的种族基础缺乏了解——隐射年轻洪堡的沙龙经历和对犹太人平等权益的支持，还批判他受犹太人影响过深。

“二战”之后，对他的批评主要集中在洪堡教育思想中对自然科学和技术文明的轻视 [例如里特（Th. Litt）]。20 世纪六七十年代，教育概念从根本上落入了意识形态的嫌疑，洪堡退回美学王国则被认为是不讲政治。而洪堡的教育改革思想中的解放性内涵却并未为人们所了解，在当时中小学改革讨论中没有发挥应有的作用。在这个时期，出现了几本雄心勃勃的专著 [比如门策（C. Menze）]，出版了洪堡著作的研究版（Studienausgabe）[弗利特纳，吉尔（A. Flitner, K. Giel）]，还有一些其他的论著，因此，洪堡继续得到研究。

前民主德国的教育学界所描绘的洪堡形象矛盾重重。一方面，洪堡被认为是 19 世纪与反动势力进行斗争的进步市民阶级的代表。此外，人们也认识到，马克思关于“具有丰富和深刻思想的人”这一理想完全切合洪堡关于人“最高级和最协调的塑造”的思想。洪堡的中小学纲领被前民主德国的教育学界赞誉为具有社会革命性。另一方面，洪堡的阶级局限性遭到批判，例如，他的个人主义和他希望通过教育而改变社会的想法。

洪堡在当代

洪堡著作在其漫长的解读史上，在当代所受到的关注是前所未有的。当前，洪堡不仅流行于学术领域，也进入了公众话题——即便只是谈论几个关键词。在公众话语中，洪堡自然是完全有争议的人物。

以关于调整高等教育发展方向的讨论为例，从中便可以窥见洪堡的争议性。一些人赞成大学课程分级和高等教育具有严格的职业导向，而另一些人则担心洪堡的大学思想遭遇毁灭，研究与教学的统一被废除。关于洪堡式大学以及担心其遭遇毁灭的讨论很大程度上带有意识形态的性质，因为这样的一所洪堡式大学在现实中从未存在过，与其说是严肃的争论，这更像是虚拟的争吵。如果可以向洪堡学习点什么，那么只有，教育改革决不能没有教育理论作为基础。

在一般意义上讨论教育问题，洪堡的名字也会引起阵营分立。一些人在洪堡身上看到了一个早已过时的教育理念的奠基者，按照这个理念，教育不会使人变得有用，也不会增强人的社会生活能力。然而在关于所谓的“知识社会”的辩论中，教育并不被认为是无目的，而是处在一种经济关系之中。按照人文资本理论，教育应该既让集体（教育作为经济环境要素）也让个人（教育作为事业推动力）获得回报。与之相对，也有一些人强调的是洪堡教育思想中不合时宜的那部分和从中得出的批判性反抗。我们经常听到的对国际学生评估项目比萨调查（PISA）的激烈批评，就体现了这种立场，认为这项调查太过强调（经济的）有用性标准、只对能力感兴趣而忽略了教育的真正本质。

一种从教育学角度出发的批评观点认为，洪堡所开创的教育思想远离现实而仅为精英教育。这个观点提到，那里充满着“自命不凡的气氛”[泰诺特（H.- E. Tenorth）]。研究歌德和贝多芬的人才被认为是受过教育的人。而有能力处理日常事务，如处理一个租赁合同或者读懂报纸等，尽管有用，却都不被认为是教育。然而，这个基于读写能力和基础教育构想的批评观点似乎忽视了，正是洪堡，以前所未有的姿态强调了人的教育权。对于洪堡所建议的改革，《柯尼斯堡和立陶宛学校计划》是这样说的："每个人，即使是最贫穷的人，都应接受到完整的教育。"（《威廉 · 冯 · 洪堡》，第 4 卷，第 175 页）难道洪堡没有按照他的基础教育理论提出一个进行基础教育的方案？因此，人们有理由称洪堡为时下所进行的基础教育讨论的早期代表人物。

语言学解读

洪堡作为语言学家特别引人注目，因为没有人像洪堡那样完成了影响如此深远的语言学著作。

对洪堡语言学的解读，始于 19 世纪中叶 [施泰因塔（H. Steinthal）]。但是随着新人文主义渐渐失去影响以及实证主义的发展，对洪堡语言学理论的理解失去了整体性，而这一语言学理论恰恰努力将实证和科学理论建构以及哲学反思相互联系。很快，人们只是从洪堡所收集的丰富语料中选取几个角度进行研究和探讨。而洪堡文集科学院版的编辑想要另起炉灶，却走向另一个极端，完全忽略了已经经过深入讨论的洪堡语言学的实证基础。正如之前洪堡的语言学被认为实证不足，现在被简化为了哲学。

直至 20 世纪下半叶，人们才开始对洪堡语言学的真正特性有所了解。促使对洪堡的语言学著作进行整体解读的因素众多，这里无法一一概括介绍。至少人们可以想到，在哲学中，人们在反思了语言的根本意义［维特根斯坦（L. Wittgenstein）］之后，尤其是语言的存在主义［海德格尔（M. Heidegger）］，“符号形式哲学”［卡斯尔（E. Cassirer）］，作为以语言为导向的认识论的注释学［甘达默尔（H.-G. Gadamer）］，哲学人类学［利普卢克斯（B. Liebrucks）］以及最近的公平理论［奥尔斯（J. Rawls）］都主要借鉴了洪堡的语言学思想。在语言学中，语义学理论运用了语言传递世界观这一论点［威斯格尔博，特里尔（L. Weisgerber, J. Trier）］，尽管存在争议，语言生成原则的思想活跃在当今的转换语法中［乔姆斯基（N. Chomsky）］。同样借助于世界观的论点，民族学者和人类学家通过研究美国的印第安语言提出了“语言相对性”的理论［沃尔夫，萨皮尔（B. L. Whorf, E.Sapir）］，对此特别是唯物主义语言理论的代表［武格斯基，沙弗（S. Wygotski, A.Schaff）］进行了批判性讨论。无论如何，人们必须考虑到：基于不断的新发现，我们还根本不知道洪堡语言学的全貌，更谈不上对其进行了充分利用。

附录

洪堡生平大事记

1767　洪堡在波茨坦出生（6 月 22 日）
1787　在奥德河畔的法兰克福大学注册入学
1788　转学到哥廷根大学；环德旅行
1789　游历巴黎和瑞士
1790　柏林高等法院候补文职人员和外交部公使馆参赞
1791　与卡洛琳娜 · 冯 · 达赫罗登结婚；隐居博格尔纳、奥利本和埃尔福特；撰写关于希腊古典时期和国家理论的论文
1794　移居耶拿；和席勒一起研究艺术理论问题
1797　移居巴黎；研究艺术理论问题；首次研究语言学问题
1799　西班牙之旅；旅行报告以及人种志学论文
1801　巴斯克地区之旅；返回柏林
1802　被任命为驻罗马教廷的普鲁士公使，移居罗马；古典文化以及艺术理论方面的研究
1808　返回普鲁士
1809　普鲁士国务枢密顾问；大量的学校改革动议；筹建柏林大学
1810　离职，被任命为普鲁士驻维也纳公使
1813　代表普鲁士参加布拉格会议；首次考虑重新规划德意志和普鲁士
1814　维也纳会议的普鲁士公使
1815　参加和法国的巴黎和谈
1817　驻伦敦的普鲁士公使
1819　等级事务大臣；离职
1820　返回柏林的泰格尔庄园；语言学研究；在柏林科学院作大量的报告
1829　妻子去世
1835　在泰格尔庄园逝世（4 月 8 日），4 月 12 日下葬。

参考文献

被引威廉·冯·洪堡著作目录

GS＝威廉·冯·洪堡文集。由普鲁士科学院出版。共17卷。柏林：贝尔出版社，1903 － 1936。

HW＝威廉·冯·洪堡。共5卷。弗利特纳，安德里亚斯和吉尔，克劳斯（编）。达姆施塔特：科学图书公司，1960 － 1981。

BSH＝弗里德里希·席勒与威廉·冯·洪堡的通信。共2卷。赛德尔，齐格弗里德（编）。柏林：奥夫堡出版社，1962。

WCB＝信中的威廉和卡洛琳娜·冯·洪堡。共6卷。冯·西多，安娜（编）。柏林：恩斯特·齐格弗里德·米特勒和佐恩，1906 － 1916。

基本论述

百纳，D（2003）：威廉·冯·洪堡（1767 － 1835）和弗里德里希·施莱尔马赫（1768 － 1834）。发表于：泰诺特，海因茨-艾尔玛（编）：教育学的经典作家。第1卷。慕尼黑：C·H·贝克出版社，144-159页。

百格拉，皮特（1970）：威廉·冯·洪堡自述和图像材料。汉堡的莱茵柏克：罗沃特袖珍本出版社。

波舍尔，迪尔曼（1981）：语言观。威廉·冯·洪堡语言哲学中的关于人类言语的概念。斯图加特：克莱特-科塔。

波舍尔，迪尔曼（1990）：威廉·冯·洪堡。贝克出版社。

迪普，雷蒂娅（1990）：威廉·冯·洪堡的美学和人类学。沃尔茨堡：柯尼斯豪森＆诺尔曼。

弗令，斯蒂芬；罗伊斯，安迪亚斯（1999）：洪堡一家。一个博学家庭的生活轨迹。柏林：尼可拉出版社。

盖普哈尔德，布鲁诺（1896）：作为政治家的威廉·冯·洪堡。第2卷。斯图加特：科塔。

盖尔，曼弗雷德（2009）：洪堡兄弟。人物传记。汉堡的莱茵柏克：罗沃特出版社。

赫尔曼，乌里希（1999）：通过科学进行教育？传奇“洪堡”（乌尔姆大学的演讲和论文，第1部）。乌尔姆：大学出版社。

卡伊勒，齐格弗雷德 A.（1963）：威廉·冯·洪堡和国家：1800年前后为德国生活发展史所做的贡献。哥廷根：凡登霍克&鲁普雷希特。

门策，C.（1965）：威廉·冯·洪堡的学说和对人类的认识。拉廷根：衡恩出版社。

罗森施道尔赫，哈策尔（2009）：心灵一致和门第相当。卡洛琳娜和威廉·冯·洪堡。美因河畔的法兰克福：艾希博恩出版社。

斯库拉，赫尔伯特（1976）：威廉·冯·洪堡。成长与影响。杜塞尔多夫：格拉森出版社。

斯普朗尔，爱德华（1909）：威廉·冯·洪堡和人文主义思想。柏林：罗伊特和艾查德出版社。

斯普朗尔，爱德华（1910）：威廉·冯·洪堡和教育改革。柏林：罗伊特和艾查德出版社。

斯威特，保罗 R.（1978/1980）：威廉·冯·洪堡，一部传记。2卷本。哥伦布：俄亥俄州国立大学出版社。

泰诺特，海因茨-艾尔玛（2010）：威廉·冯·洪堡（1767－1835）的大学理念和在柏林的改革——超然于传奇的传统。发表于：日耳曼学杂志，第1卷，新版，第20卷，15-58页。

瓦格纳，汉斯-约瑟夫（2002）：威廉·冯·洪堡：人类学和人类认识理论。达姆施塔特：科学图书出版社。

威廉·冯·洪堡。大读本（2010）。由 v·J·特拉班特编辑。美因河畔的法兰克福：费舍尔出版社。

附：德文版参考文献影印对照

Anhang

Literatur

Verzeichnis der zitierten Werke Wilhelm von Humboldts

GS = Wilhelm von Humboldts Gesammelte Schriften. Herausgegeben von der Königlich Preußischen Akademie der Wissenschaften. 17 Bände. Berlin: B. Behr's Verlag 1903 – 1936.

HW = Wilhelm von Humboldt. Werke in fünf Bänden. **Flitner**, Andreas u. **Giel**, Klaus (Hg.). Darmstadt: Wissenschaftliche Buchgesellschaft 1960 – 1981.

BSH = Der Briefwechsel zwischen Friedrich Schiller und Wilhelm von Humboldt. 2 Bände. **Seidel**, Siegfried (Hg.). Berlin: Aufbau-Verlag 1962.

WCB = Wilhelm und Caroline von Humboldt in ihren Briefen. 6 Bände. **Von Sydow**, Anna (Hg.). Berlin: Ernst Siegfried Mittler und Sohn 1906 – 1916.

Grundlegende Darstellungen

Benner, D (2003): Wilhelm von Humboldt (1767-1835) und Friedrich Schleiermacher (1768–1834). In: Tenorth, Heinz-Elmar (Hrsg.): Klassiker der Pädagogik. Bd. I. München: C. H. Beck Verlag, S. 144–159.

Berglar, Peter (1970 u. ö.): Wilhelm von Humboldt in Selbstzeugnissen und Bilddokumenten. Reinbek bei Hamburg: Rowohlt Taschenbuch Verlag.

Borsche, Tilman (1981): Sprachansichten. Der Begriff der menschlichen Rede in der Sprachphilosophie Wilhelm von Humboldts. Stuttgart: Klett-Cotta.

Borsche, Tilman (1990): Wilhelm von Humboldt. München: C. H. Beck Verlag.

Dippel, Lydia (1990): Wilhelm von Humboldts Ästhetik und Anthropologie. Würzburg: Königshausen & Neumann.

Fröhling, Stefan; **Reuss**, Andreas (1999): Die Humboldts. Lebenslinien einer gelehrten Familie. Berlin: Nicolaische Verlagsbuchhandlung.

Gebhardt, Bruno (1896): Wilhelm von Humboldt als Staatsmann. 2 Bde. Stuttgart: Cotta.

Geier, Manfred (2009): Die Brüder Humboldt. Eine Biographie. Reinbek bei Hamburg: Rowohlt Verlag.

Herrmann, Ulrich (1999): Bildung durch Wissenschaft? Mythos «Humboldt» (Reden und Aufsätze der Universität Ulm, H.1). Ulm: Universitätsverlag.

Kaehler, Siegfried A. ([2]1963): Wilhelm von Humboldt und der Staat: ein Beitrag zur Geschichte deutscher Lebensgestaltung um 1800. Göttingen: Vandenhoeck & Ruprecht.

Menze, C. (1965). Wilhelm von Humboldts Lehre und Bild vom Menschen. Ratingen: A. Henn-Verlag.

Rosenstrauch, Hazel (2009): Wahlverwandt und ebenbürtig. Caroline und Wilhelm von Humboldt. Frankfurt am Main: Eichborn Verlag.

Scurla, Herbert (1976): Wilhelm von Humboldt. Werden und Wirken. Düsseldorf: Claassen Verlag.

Spranger, Eduard (1909): Wilhelm von Humboldt und die Humanitätsidee. Berlin: Verlag von Reuther und Reichard.

Spranger, Eduard (1910): Wilhelm von Humboldt und die Reform des Bildungswesens. Berlin: Verlag von Reuther und Reichard.

Sweet, Paul R. (1978/1980): Wilhelm von Humboldt. A Biography. 2 vols. Columbus: Ohio State University Press.

Tenorth, Heinz-Elmar (2010): Wilhelm von Humboldts (1767–1835) Universitätskonzept und die Reform in Berlin – eine Tradition jenseits des Mythos. In: Zeitschrift für Germanistik, H.1, Neue Folge, XX. Jg., S. 15–28.

Wagner, Hans-Josef (2002): Wilhelm von Humboldt: Anthropologie und Theorie der Menschenkenntnis. Darmstadt: Wissenschaftliche Buchgesellschaft.

Wilhelm von Humboldt. Das große Lesebuch (2010). Hg. v. J. Trabant. Frankfurt am Main: S. Fischer Verlag.

人名索引

德汉关键词对照

A

Anthropologie
人类学

Antike
古典时期

Ästhetik
美学

Aufklärer
启蒙主义者

Aufklärung
启蒙运动

Aufklärungsphilosophie
启蒙哲学

Aufklärungszirkel
启蒙团体

Ausbildung
培训

B

Berufsausbildung
职业培训

Bildung
教育

allgemeine
普遍的

elementare
基础的，初级的

Bildungsbegriff
教育概念

Bildungsbürgertum
受过教育的市民阶层

Bildungsdenken
教育思想

Bildungsdiskurs
教育话语

Bildungsidee
教育思想

Bildungspolitik
教育政策

Bildungspolitiker
教育政治家

Bildungsprozess
教育过程

Bildungsreformarbeit
教育改革工作

Bildungsreformen
教育改革

Bildungsreformer
教育改革家

Bildungssystem
教育系统

Bildungstheoretiker
教育理论家

Bildungstheorie
教育理论

Bildungswesen
教育事务

Grundbildung
基础教育

Lehrerbildung
教师培养

Bundesverfassung
联邦宪法

D

Dichtkunst
诗歌艺术

Diskurse
话语

Kunstphilosophische
艺术哲学的

E

Elementarschule
小学

F

Französische Revolution
法国大革命

G

Gymnasium
高级中学

K

Kunst
艺术

antike
古典时期的

Kunstphilosophie
艺术哲学

kunsttheoretische Fragen
艺术理论问题

Kunsttheorie
艺术理论

L

Lehrerausbildungsfakultät
教师培养院

N

Neuhumanismus
新人文主义

R

Reformuniversität
改革派大学

S

Staat
国家

staattheoretische
国家理论的

（Früh）schriften
（早期）论著

Staatstheorie
国家理论

Staatsverfassung
国家宪法

U

Universität
大学

Universitätslehrer
大学教师

Universitätsstadt
大学城

Universitätsstudium
大学学习

V

Verfassung
宪法

Verfassungsfragen
宪法问题

Verfassungspolitik
立宪政治

Verfassungspolitiker
立宪政治家